Hablar por los codos

Frases para un español cotidiano

Autora: Gordana Vranic

"A mi familia y, en especial, a mi sobrina Sandra con la esperanza de que un día se enamore de España igual que lo hizo, en su día, su tía".

Ilustradores:
Alexandra Markovic
Dejan Bogdanovic

1.ª edición: 2016
5.ª impresión: 2023

© Edelsa Grupo Didascalia S.A.
Autora: Gordana Vranic
Ilustradores: Dejan Bogdanovic y Alexandra Markovic

Dirección y coordinación editorial: Departamento de Edición de Edelsa Grupo Didascalia S.A.
Diseño de cubierta: Departamento de Imagen de Edelsa Grupo Didascalia S.A.
Maquetación interior: Departamento de Imagen de Edelsa Grupo Didascalia S.A.

ISBN: 978-84-9081-802-2
Depósito legal: M-21858-2016
Impreso en España
Printed in Spain

Nota:
Cualquier forma de reproducción de esta obra solo puede ser realizada con la autorización de la editorial, salvo excepción prevista por ley. Diríjase a CEDRO (Centro Español de Derechos Reprográficos, www.cedro.org) si necesita fotocopiar o escanear algún fragmento de esta obra.

ÍNDICE

▶ Presentación del Excelentísimo Embajador Mariano García Muñoz — Pág. 4

▶ Prólogo de la autora — Pág. 5

▶ Frases hechas y dichos — Pág. 6

▶ Ejercicios de frases hechas y dichos — Pág. 106

▶ Refranes — Pág. 118

▶ Ejercicios de refranes — Pág. 150

▶ Soluciones a los ejercicios — Pág. 155

▶ Lista de frases hechas — Pág. 156

▶ Lista de refranes — Pág. 159

*E*xisten diversas formas a través de las cuales la sabiduría popular se expresa y se transmite.

Una de ellas es a través de refranes o frases que normalmente suelen transmitirse de viva voz, precisamente como una expresión de ese saber profundo y ancestral de los pueblos que no necesita del soporte de la escritura –hoy diríamos, de la informática. Son toda esa serie de fórmulas y de dichos que conforman la vida de un país y sirven también como fórmula para conocerlo mejor.

Creo que los refranes y las frases son un camino muy certero para llegar a conocer la idiosincrasia de quienes los utilizan y los aplican, porque muchos de estos refranes tienen un verdadero sentido práctico para la vida cotidiana.

Como resultado de esto último ocurre también que los refranes y las frases se van modificando o desapareciendo, y otros se van añadiendo al acervo cultural e intelectual, lo que prueba la vitalidad de un idioma.

El empeño de la profesora Gordana Vranic y del equipo que ha dirigido, para recopilar refranes y dichos de las tierras de España, es muy loable porque el libro que tengo el honor de presentar a través de estas palabras es un acercamiento a la cultura de España y, sobre todo, a ese sustrato tan importante, como hablaba al principio de este prefacio, de la cultura popular.

Sirvan estas palabras como agradecimiento a la labor que ha desarrollado la Sra. Vranic, y todos los que han cooperado con ella, para acercar la sabiduría española al mundo y permitir el conocimiento de la vida diaria de las regiones de España.

Mariano García Muñoz

Embajador de España en Belgrado

En mis años de experiencia como profesora de Lengua Española para extranjeros, he aprendido cuál es la importancia del uso y de la aplicación de las frases hechas, frases que pasan desapercibidas al hablante nativo, pero que para nosotros, profesores de esta lengua, corroboran cuán rica es esta bella lengua.

Es por ello que me doy cuenta de que aprender español es igual que "construir" una casa. Sus cimientos, siendo la estructura gramatical básica, deben asegurar nuestra "vivienda" para que no se derribe. Sus paredes, hechas de "ladrillos" como si de vocabulario se tratara, habrían de soportar el tejado para completarla. Pero, para llegar a ser un verdadero "hogar", tenemos que estudiar y aprender las frases hechas y dichos que representan su verdadera "decoración", "decoración" que en una casa crea ese ambiente ameno tan particular y distintivo; por lo que considero que el aprendizaje de las frases hechas y dichos, además de ser fundamental, es la parte más divertida, sin cuyo estudio el español no sería lo que realmente es: un idioma universal, un idioma rico y, sobre todo, muy bello.

Sin embargo, esto que parece una sencilla tarea, se complica sobremanera a la hora de llevarla a la práctica. Este libro que presento es el reflejo de un proyecto de enseñanza ilustrativa que, para mí, es un acierto al ser el resultado de mis años de experiencia. Además en este libro, a través de dibujos representativos, acompañados de explicaciones del origen de cada frase y sus correspondientes ejercicios, encontramos las armas necesarias para cumplimentar esa bella "vivienda" a la que aspira el estudiante y al que va dedicado este libro.

Mi punto de partida es estudiar el español desde la mirada del estudiante y no desde la visión del profesor o profesora, a quien yo represento. El objetivo de este manual, por tanto, no es otro que "enamorar" al estudiante con el aprendizaje de las frases hechas, cuyo estudio aparece en la enseñanza de la lengua como secundario. No hay que olvidar que el español posee una riqueza inagotable de léxico y expresiones de la que quisiera presentar una parte de manera sencilla, pero del modo en el que a mí me hubiera gustado adquirirla.

Con la esperanza de conseguir los resultados esperados por ti, querido estudiante, me despido sin más dejándote abiertas las puertas de esta "vivienda" que quisiera que todos compartiésemos.

Agradecimientos

En primer lugar, quiero agradecer a mis padres su amor y su apoyo incondicionales. Aunque hoy mi padre ya no está entre nosotros, estoy segura de que se sentiría tan orgulloso de esta nueva edición de *Hablar por los codos* como lo está mi madre.

También quiero agradecer a mi amiga Vicky (Victoria Fuertes-Planas Aleix) que me enseñara muchas de estas frases que hoy recojo en esta nueva publicación.

Especial agradecimiento al Embajador de España en Belgrado, el Excmo. Sr. D. Mariano García Muñoz por su apoyo y su ayuda en la creación de este libro.
Pero este libro no habría sido posible sin la ayuda de un hombre muy especial para mí, un hombre muy aficionado a su trabajo y a su idioma, Óscar Cerrolaza, quien ha defendido mi proyecto desde el primer momento, entendiendo completamente mi idea. Gracias a él y a (me atrevo a decir ahora mi casa) la editorial EDELSA que tuvo confianza en mí y en mi idea, este libro pudo ver la luz del día. Emprendo esta nueva aventura esperando poder justificar su confianza.

La autora.

FRASES HECHAS Y DICHOS

Expresiones similares:

- ¡A otro con este cuento!

Origen

La mano abierta es un símbolo de generosidad. Por eso esta frase corresponde a la de disminuir el rigor o la dureza.

Expresiones similares:

- Ser benévolo.

 ## 1 A otro perro con ese hueso

▶ Expresión con la que se rechaza algo como increíble.

▶▶ - Invierte en este negocio y en un mes habrás ganado el triple.
- ¡**A otro perro con ese hueso**!

 ## 2 Abrir la mano

▶ Dar cierta libertad o ser más tolerante con alguien.

▶▶ - ¿Qué tal el examen?
- Pues bien. El profesor **abrió la mano**, de modo que todos aprobamos.

3. Acostarse con las gallinas

▶ Irse a la cama muy temprano.

Origen
En las granjas se suele encerrar a las gallinas en el gallinero muy pronto para que así pongan huevos.

- Te llamé anoche sobre las ocho y media, pero me dijeron que estabas dormido. ¿Por qué **te acostaste con las gallinas**?
- Es que antes de ayer regresé a casa a las cinco de la madrugada y tenía mucho sueño.

4. Agachar las orejas

▶ Aceptar una orden sin rechistar.

Origen
En situaciones de peligro o cuando han perdido una pelea, los perros y otros animales se van con las orejas bajas y el rabo entre las piernas.

Expresiones similares:

- Agachar la cabeza.

La mujer de Alfonso es muy autoritaria y, cuando decide algo, él **agacha las orejas** y hace lo que manda, no quiere discutir con ella.

5 Agarrar el toro por los cuernos

▶ Afrontar un problema y tomar una decisión enérgica y arriesgada.

▶▶ Mi situación económica se pone cada vez más fea. Por eso decidí **agarrar el toro por los cuernos** y pedirle al jefe que me suba el sueldo.

Expresiones similares:

- Coger/Tomar el toro por los cuernos.

6 Agarrarse a un clavo ardiendo

▶ Cuando una persona está en un apuro, es capaz de servirse de cualquier medio, por arriesgado que sea, para salir del paso, justificarse.

▶▶ - ¿Por qué pides dinero a ese usurero?
 • Porque todo me va mal. Estoy a punto de perder el trabajo, mi mujer me deja... así que estoy dispuesto a **agarrarme a un clavo ardiendo** para salvarme.

Origen

Durante la Inquisición, una prueba para demostrar la inocencia o culpabilidad de una persona era hacerle agarrarse a un hierro al rojo vivo. Si no se quemaba, era signo de inocencia.

7 Aguantar carros y carretas

▶ Soportar momentos difíciles y cosas desagradables con paciencia.

▶▶ Necesita tanto el trabajo que Pablo **aguanta carros y carretas** con tal de que no lo echen.

Expresiones similares:

- Aguantar lo que le echen.
- Aguantar el tirón.

8 Ahí le aprieta el zapato

▶ Se emplea cuando se descubre el punto más débil o cualidad negativa de alguien.

▶▶ Últimamente Manuel me pregunta muy a menudo que si tengo dinero. Como sé que lo está pasando mal, que no tiene dinero, que **ahí le aprieta el zapato**, no le hago caso ni contesto a sus preguntas. No quiero prestarle ni un solo euro.

Origen

Según parece, este antiquísimo dicho proviene de la obra de Plutarco *Vidas paralelas*. En ella se habla de un romano que repudió a su mujer sin razón evidente. Sus amigos se lo reprobaron, pero él les contestó comparando el caso con sus zapatos: dijo que sus zapatos eran de los mejores que había visto, pero que solo él sabía dónde le apretaban.

Expresiones similares:

- Ser el talón de Aquiles.
- Ser el punto débil de alguien.

Hablar por los codos

9 Ahogarse en un vaso de agua

▶ No saber reaccionar ante una situación que no es complicada o preocuparse demasiado por un peligro insignificante.

▶▶ ¡Hombre, una ventana rota se arregla en cinco minutos y no es para gritar como un loco! No es para tanto. **Te ahogas en un vaso de agua.**

Expresiones similares:

- Agobiarse por nada.
- Ver una tormenta en un vaso de agua.

10 Al pie de la letra

▶ Creer lo que otra persona dice en sentido literal.

▶▶ Si quieres aprobar el examen, debes seguir las instrucciones de tu profesor **al pie de la letra**.

Origen

La traducción literal *ad verbum* o *ad litteram* era antiguamente la que se hacía palabra por palabra y que los estudiantes (y a veces los glosadores) escribían debajo del texto original, poniendo al pie de cada palabra latina su equivalente castellana. Ese tipo de traducción fue denominada *ad pedem litterae* y de esa expresión salió la locución *al pie de la letra*.

Wikilengua.org

Expresiones similares:

- A pies juntillas.
- Tal cual.

Alzarse con el santo y la limosna

▶ Apoderarse de lo propio y lo ajeno. "Alzarse con alguna cosa" significa apoderarse de ella con usurpación o injusticia.

Origen

Se refiere a las personas que antiguamente iban pidiendo dinero de pueblo en pueblo y de casa en casa con una imagen de un santo, dando la imagen a cambio de una limosna, pero algunos se quedaban con (alzaban) la imagen y la limosna que habían recogido.

Adaptado de
El porqué de los dichos.

▶▶ Rafael **se alzó con el santo y la limosna** después de haber reunido todo el dinero destinado para la construcción de una escuela. No repartió el dinero a quien correspondía.

Andar con pies de plomo

▶ Hacer/Decir algo con mucha cautela o prudencia.

Expresiones similares:

- Ir con pies de plomo.
- Andarse con cien ojos.
- Andarse con cuidado.

▶▶ En las conversaciones con esta gente hay que **andar con pies de plomo** porque están dispuestos a engañarnos para sacar beneficio.

Hablar por los codos

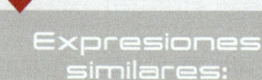

- Irse por los cerros de Úbeda.
- Ir al grano.

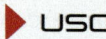

Se utiliza mucho en la forma negativa:
No **te andes por las ramas** y dile lo que piensas de verdad.

Origen

En época de dificultades económicas se gasta poco dinero porque se compra poco, incluso comida. Al no comer, se adelgaza. De ahí la expresión "hay que apretarse el cinturón".

13 Andarse por las ramas

▶ Indica que una persona no va directamente al fondo de la cuestión, sino que se detiene en las cosas insignificantes.

▶▶ Si **te andas por las ramas**, nunca resolveremos el problema. Sé directo y dime de qué se trata.

14 Apretarse el cinturón

▶ Indica que hay que reducir gastos, es decir, ahorrar y no gastar.

▶▶ Mi marido perdió el trabajo y, a partir de hoy, tendremos que **apretarnos el cinturón** para sobrevivir hasta que encuentre otro.

Aquí hay gato encerrado

▶ Se utiliza para indicar que hay algo oculto o sospechoso.

▶▶ Siempre que encuentro a Luis en la calle, trata de evitarme. No sé qué problema tiene conmigo. Me parece que **aquí hay gato encerrado**.

Origen

Según el *Diccionario de la Real Academia* el gato, además de ser un animal, significa también 'bolso en que se guarda el dinero'. En los siglos XVI y XVII se guardaba el dinero en bolsos que se hacían de piel de gato. Era frecuente disimular esas bolsas llenas de dinero. Decir "aquí hay gato encerrado" significaba decir que 'aquí hay una bolsa de piel de gato con dinero'.

 ## Armar(se) hasta los dientes

▶ Proveerse mucho o muy bien de algo necesario.

▶▶ No me sorprende que hubiera víctimas en el ajuste de cuentas de ayer entre dos bandos porque los dos estaban **armados hasta los dientes**.
▶▶ Álex fue a la reunión con todo tipo de informes que justificaban su punto de vista. **Se armó hasta los dientes** para estar seguro de que aprobasen su propuesta.

Origen

Cuando una persona quiere combatir, se hace con tantas armas que acaba sujetando también con los dientes alguna arma, normalmente un cuchillo.

Hablar por los codos

Origen

En el siglo XIX denominaban "La Gorda" a la revolución que se estaba preparando en Andalucía contra la reina Isabel II (1868), revolución que acabó finalmente con su reinado.

Expresiones similares:

- Armarse la marimorena.
- Armarse la de San Quintín.
- Arder Troya.

▶ USO

"La gorda" es el sujeto por lo tanto el verbo va siempre en tercera persona del singular.

Origen

Parece que la frase proviene de Andalucía donde los trabajadores que solían trabajar en los cortijos recibían sardinas como recompensa a su trabajo. Y, como necesitaban un fuego donde asar su sardina, se peleaban por las ascuas.
"Ascua": Pedazo de cualquier materia sólida y combustible que por la acción del fuego se pone incandescente y sin llama.

Expresiones similares:

- Barrer para casa.
- Mirar por uno mismo.

17 Armarse la gorda

▶ Organizarse un gran lío.

▶▶ Al ver el profesor lo que hicimos en la clase mientras él estaba ausente, se enfadó mucho y **se armó la gorda.**

18 Arrimar el ascua a su sardina

▶ Obtener beneficios propios de lo que normalmente debería ser un beneficio común.

▶▶ A Miguel, que no es el mejor de la clase, ni mucho menos, le han dado una beca. Claro, su padre es el decano de la universidad. Aquí cada uno **arrima el ascua a su sardina**.

19 Atar cabos

▶ Reunir datos o ideas sueltas para sacar una conclusión o saber la verdad de algo oculto.

▶▶ Nadie me quiso decir la verdad pero yo, después de haber preguntado, empecé a **atar cabos** y por fin supe quién me había engañado.

Expresiones similares:

- Desenredar la madeja.

20 Atar la lengua

▶ Impedirle a alguien que diga algo.

▶▶ No trates de **atarme la lengua**. Tu hermano me ofendió y le voy a decir lo que pienso. Si se enfada, que se enfade. Me da igual.

Expresiones similares:

- Cerrar la boca.

Hablar por los codos

Origen

Según parece, la frase proviene de un pueblo de Salamanca donde vivió a finales del siglo XIX don Constantino Rico, propietario de una fábrica de embutidos. Una vez a una de las obreras se le ocurrió atar con una larga ristra de longaniza a un perrillo. Un hijo de otra obrera vio al perro así atado y contó a sus amigos que en casa de don Constantino ataban los perros con longaniza. Así se aumentó su fama de rico.

Expresiones similares:

- Ser Jauja.

Expresiones similares:

- Apechugar.
- Tocarle la china (piedrecita).

 ## Atar los perros con longanizas

▶ Suele emplearse en sentido negativo para indicar a alguien que no se haga ilusiones o que una persona o una empresa no despilfarra. Normalmente el verbo va en tercera persona del plural.

▶▶ Unos amigos míos quieren ir al extranjero a trabajar porque piensan que allí ganarán más. Yo les digo que allí no **se atan los perros con longanizas** y que se queden aquí donde ya tienen una vida bastante buena.

 ## Bailar con la más fea

▶ Tocarle a alguien la tarea que nadie quiere por ser la más desagradable.

▶▶ Si nadie quiere fregar los platos, me toca a mí, si nadie quiere limpiar la casa, me toca a mí. ¡No es justo! En esta casa a mí siempre me toca **bailar con la más fea**.

▶▶ Odio este trabajo, pero es el mío, así que **apechugo**.

23 Bajar/Agachar la cabeza

▶ a. Obedecer una orden sin replicar.
   b. Sentir vergüenza.

▶▶ a. Antonio es el dueño de la empresa y tenemos que **bajar la cabeza** y hacer lo que nos diga.
▶▶ b. Al darse cuenta de que obró mal, **bajó la cabeza** y se disculpó con nosotros.

Origen
El gesto de inclinar la cabeza es signo de respeto y sumisión ante alguien que consideramos superior.

Expresiones similares:
- Agachar las orejas.

24 Barrer para casa

▶ Frase que explica que una persona actúa en beneficio propio, de una manera interesada y, a veces, egoísta.

▶▶ Hemos sacado unas entradas de teatro, pero no podíamos estar todos juntos y había entradas muy buenas, justo delante del escenario y otras malas, en la última planta y al fondo. Y Juan se ha quedado con las mejores. Está siempre **barriendo para casa**.

Origen
Antiguamente era costumbre abrir la puerta de la casa y barrer para fuera. El que lo hiciera para dentro se quedaba con todo.

Expresiones similares:
- Arrimar el ascua a su sardina.

Origen

La frase parece tener su origen en los tiempos de la Reconquista cuando las tropas cristianas celebraban una misa y bautizaban a los que iban a entrar en combate.

Bautismo de fuego

▶ La expresión se aplica entre los militares para decir que una persona participa por primera vez en el combate. También se puede aplicar a una persona que realiza algo difícil y peligroso por primera vez.

▶▶ - ¿Por qué Miguel está tan asustado?
• Porque mañana empieza por primera vez a trabajar. Es su primer empleo.
- Hombre, no lo sabía. Es un buen **bautismo de fuego**.

Expresiones similares:

- Buscarle las vueltas a alguien.
- Buscar camorra.
- Pedir guerra.

 Buscar las cosquillas a alguien

▶ Indica que una persona busca el modo de irritar a otra, es decir, busca su punto vulnerable.

▶▶ Déjame en paz. Estoy muy nervioso y enfadado. Haz el favor de no **buscarme las cosquillas** porque, si me buscas, me vas a encontrar.

27 Buscar una aguja en un pajar

▶ Es empeñarse en algo casi imposible.

Expresiones similares:

- Pedir peras al olmo.
- Pedir la luna.

▶▶ Alberto ha perdido su anillo en la playa y lo está buscando. "No te quiero desanimar", le dice su amiga, "pero buscarlo en la arena es como **buscar una aguja en un pajar**".

28 Caer chuzos de punta

▶ Llover mucho y fuerte.

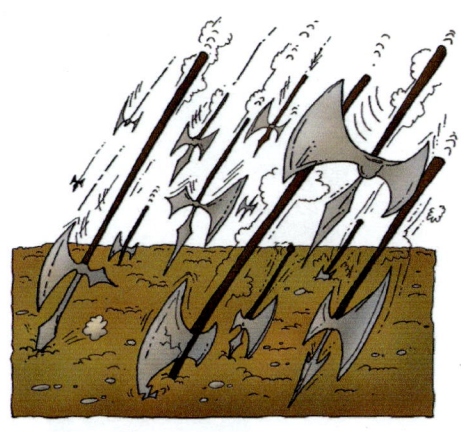

Origen

Se dice que caen "chuzos de punta" cuando llueve muchísimo, cuando cae una lluvia ruidosa y dura, casi espesa y puntiaguda como chuzos. El "chuzo" es un palo o bastón con un pincho de hierro que se usa como arma de defensa o de ataque.

Adaptado del *Diccionario de dichos y frases hechas*.

▶▶ Ayer no pudimos ir al cine a causa de una tormenta horrorosa. **Caían chuzos de punta** y parecía que nunca iba a parar.

Origen

Literalmente, se refiere a la operación matemática. Es decir, descubrir un error en la suma, por ejemplo.

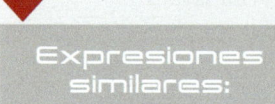

Expresiones similares:

- Darse cuenta.

 # Caer en la cuenta

▶ Notar, entender o percatarse de algo que no sabíamos antes. Decimos que "alguien cae en la cuenta" cuando descubre algo por sí mismo.

▶▶ Ella nunca sabe lo que está pasando. Pero, cuando **cae en la cuenta**, ya es tarde.

Expresiones similares:

- Chuparse el dedo.
- Acabar de nacer.

 # Caerse de un guindo

▶ Se utiliza en sentido irónico para dar a entender que alguien no se cree una mentira y que no se le puede engañar tan fácilmente, ya que tiene mucha experiencia. El guindo es un árbol.

▶▶ Eduardo me dice que el mes que viene se va a ir a vivir a Montecarlo y eso que no tiene ni un céntimo. Este se cree que **me he caído de un guindo**.

Caerse del burro

▶ Significa reconocer su error o falta, convencerse de algo.

▶▶ Es tan terco que, aunque vea que no tiene razón, no lo dirá. ¡Este no **se cae del burro** ni muerto!

Origen

Parece que la frase tiene su origen en una historieta antigua cuyo protagonista decía que jamás se caería de su burro, hasta que se cayó un día.

Expresiones similares:

- Bajarse del burro.
- Apearse del burro.

▶ USO

En la mayoría de los casos se utiliza en forma negativa.

 ## Caerse del nido

▶ Ser muy ingenuo o mostrar ignorancia de una cosa muy conocida por todos.

▶▶ Roberto y Cristina se separan. Lo sabe todo el mundo, menos tú. ¿Ahora **te caes del nido**?

Expresiones similares:

- Caerse de la cuna.

Expresiones similares:

- Caer mal.
- Caer fatal.

33 Caer gordo

▶ Una persona no gusta a otra, no le agrada.

▶▶ Mi hija tiene un amigo que no me gusta nada. **Me cae gordo**. Lo encuentro antipático, desagradable y poco educado.

Expresiones similares:

- Subirse por las paredes.

▶ **USO**

"La casa" es el sujeto, por tanto, el verbo va en tercera persona del singular.

34 Caérsele la casa encima (a alguien)

▶ Encontrarse a disgusto en casa, sentirse agobiado y querer salir.

▶▶ Cuando llevo muchas horas estudiando en casa, **se me cae la casa encima** y tengo que salir a tomar el aire.

▶▶ Como no puede salir desde hace meses por su enfermedad, a María **se le cae la casa encima**.

Hablar por los codos

35 Caérsele los anillos (a alguien)

▶ Forma de reproche a alguien por no hacer algunas cosas porque las considera por debajo de su nivel (estatus social, económico, laboral, etc.).

▶ USO

Como el sujeto -"los anillos"- va en plural, el verbo también va en tercera persona del plural.
Se usa más en forma negativa.

▶▶ Por favor, deja de mirarme y ayúdame a bajar la basura y a tirarla al contenedor. No **se te van a caer los anillos** por eso.

36 Cajón de sastre

▶ Conjunto de cosas o de personas heterogéneas y desordenadas.

Origen

La frase proviene literalmente de un cajón de sastre donde hay de todo: hilos, agujas, botones, etc.

▶▶ Recoge tu habitación porque parece un **cajón de sastre**. Todo está desordenado y tus amigos están a punto de llegar.

Hablar por los codos

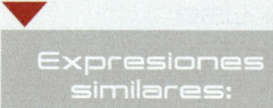

• Calentarse los cascos.

Origen

Parece que la frase tiene origen militar. Cada ejército tenía la casaca o túnica de un color para distinguirse de los otros. Pero las túnicas y casacas estaban forradas con tela de otro color. Para engañar al enemigo, para salvarse en determinados momentos o para cambiar de partido, aunque fuera solo en apariencia, daban la vuelta a la túnica o casaca según les convenía.

Expresiones similares:

• Cambiar de camisa.
• Ser un chaquetero.

37 Calentarse la cabeza

▶ Preocuparse por algo innecesariamente, pensar demasiado en alguna cosa.

▶▶ - Papá, este fin de semana es mi cumple y me gustaría celebrarlo con mis amigas, pero sé que no tienes dinero.
   • Hija mía, no **te calientes la cabeza** con el dinero. Tú dime lo que quieres y ya hablaremos.

38 Cambiar de chaqueta

▶ Cambiar de ideas por interés personal especialmente si son ideas políticas. A la persona que actúa de esta manera se le llama "chaquetera". Antiguamente se decía "volver la casaca".

▶▶ Ana no es de mucha confianza. Antes era del partido socialista, luego, del partido demócrata y ahora es del partido liberal porque es el que gobierna. **Cambia de chaqueta** constantemente.

Hablar por los codos

Cantarle las cuarenta (a alguien)

▶ Regañar a alguien o decirle lo que se piensa de él: decirle las verdades a la cara.

Origen

Parece que el origen está en un juego de cartas muy popular, el "tute". Cuando alguien tiene un rey y un caballo del mismo palo* que pinta** "canta las cuarenta" y gana varios puntos.

* Para jugar al "tute" hay que tener un juego de cartas españolas. El "palo" es cada serie de la baraja: el palo de oro, el de espadas, el de copas y el de bastos. En las cartas internacionales serían: corazones, diamantes, tréboles y picas.
** El "palo que pinta" es la carta que hay en el centro y que determina el juego.

▶▶ Si tuviera a alguien que **le cantara las cuarenta**, no se comportaría así, como si todo el mundo tuviera que hacer su voluntad.

Cargarle el mochuelo (a alguien)

▶ Se utiliza para explicar que a una persona le toca hacer/decir lo más difícil, duro o echarle una culpa que no le corresponde.

Origen

En un cuento popular, un soldado gallego y un mozo andaluz llegaron una noche a una posada y pidieron la cena. Les dijeron que no tenían más que una perdiz y un mochuelo, que no era comestible. Pero el mozo dijo que se los trajeran y que ellos se las arreglarían. Entonces el andaluz dijo al gallego: "Elige: o tú te comes el mochuelo y yo me como la perdiz, o yo me como la perdiz y tú te comes el mochuelo". El gallego resignado le dijo: "No sé por qué me parece a mí que me va a tocar cargar con el mochuelo."

Expresiones similares:

- Cargar con el muerto.
- Tocar la china.

▶▶ No es justo. Tú siempre eliges las cosas más fáciles y a mí **me cargas con el mochuelo**: preparar el informe, escribirlo a máquina y soportar los sermones del jefe si algo falla.

Hablar por los codos

41 Cazar algo al vuelo

▶ Entender algo con rapidez. Comprender algo que no se ha explicado de una manera clara.

Expresiones similares:
- Coger algo al vuelo.

Origen
Puede tener que ver con la habilidad de ciertas aves que cazan al vuelo o con personas que cazan las moscas.

▶▶ Es muy listo. No hace falta darle muchas explicaciones. **Caza las cosas al vuelo**.

---

42 Chuparse el dedo

▶ Indica no ser tonto o ingenuo, no dejarse engañar.

Origen
Proviene de la costumbre de algunos bebés de chuparse el dedo.

Expresiones similares:
- Caerse de un guindo.
- Caerse del nido.

▶ USO
Se emplea normalmente en forma negativa.

▶▶ No pienses que le puedes engañar. El chico es inteligente y no **se chupa el dedo**.

Hablar por los codos

43 Como caído del cielo

▶ Una persona o una cosa aparece cuando más falta hace.

Origen

Parece ser que el origen es el relato bíblico del "Maná caído del cielo" relatado en *Éxodo XVI, 31*.

Expresiones similares:

- Como llovido del cielo.
- Como agua de mayo.

▶▶ Como estaba en una situación muy mala y sin dinero, esta herencia me vino muy bien, fue **como caída del cielo**.

44 Como los chorros del oro

▶ Estar una cosa muy limpia, brillante.

Origen

"Los chorros del oro son las vetas de este metal precioso, que forman una especie de chorro en la piedra. Podría también referirse a los torrentes de agua en los que se buscan pepitas de oro".
Diccionario de dichos y frases hechas.
Alberto Buitrago
ESPASA
Espasa Calpe, S.A., Madrid
1999

▶▶ - Hijos, estáis castigados por haber roto ese jarrón que vuestro padre trajo de Egipto. Es muy valioso y…
- Bueno, mamá, ¿qué podemos hacer para que nos perdones?
- Como no vais a salir, quiero que limpiéis vuestras habitaciones a fondo y que estén limpias **como los chorros del oro**, ¿entendido?
- Sí, mamá, entendido.

27

Expresiones similares:

- Con el alma en la mano.
- A pecho descubierto.

45 Con el corazón en la mano

▶ Hablar o actuar con toda sinceridad.

▶▶ Mi mejor amigo es una persona muy cerrada y no habla mucho. Pero ayer, después de cenar, se sinceró y me habló **con el corazón en la mano**.

Expresiones similares:

- In fraganti.

46 Con las manos en la masa

▶ Sorprender a alguien en el mismo momento en que está haciendo algo, por lo general, malo.

▶▶ El abogado no puede hacer mucho por sus clientes, ya que la policía les pilló robando. Vamos, **con las manos en la masa**.

Hablar por los codos

47 Cortar el bacalao

▶ Frase familiar que se utiliza para identificar a quien da órdenes o manda en un lugar.

Origen

Antiguamente el bacalao seco se partía en las pescaderías con una cuchilla afiladísima, una especie de guillotina para la que se necesitaba fuerza y destreza para utilizarla: de ahí que quien lo cortaba fuera el jefe o el encargado.

Adaptado de Diccionario de dichos y frases hechas.

Expresiones similares:

- Partir/Repartir el bacalao.

▶▶ Como mi madre viaja mucho, mi padre es el que **corta el bacalao** en nuestra casa.

48 Costar un riñón

▶ Ser muy caro algo, costar muchísimo.

Origen

"Por alusión al alto valor que de suyo se atribuye a todo órgano esencial del cuerpo....".

Diccionario de refranes, dichos y proverbios.
Luis Junceda
Espasa Calpe, S.A., Madrid, 2002

Expresiones similares:

- Costar un ojo de la cara.
- Estar por las nubes.

▶▶ • Mamá, mamá, cómprame este juguete tan bonito.
- No, hijo mío, no podemos comprarlo, **cuesta un riñón** y nosotros no tenemos tanto dinero.

49 Crecer/Subir como la espuma

▶ Aumentar o crecer rápidamente. También se puede decir para algo que prospera muy deprisa.

▶▶ • No entiendo cómo es posible hacerse rico tan rápido como lo hizo Lucía.
- ¿Cómo no entiendes? Es banquera y todo el mundo sabe que el capital de los bancos **crece como la espuma**.

Origen

Cuando en el siglo XIX se produjo la gran ola de inmigración a América, al océano Atlántico se le llamaba *charco* como forma de autoconvencerse de que no estaban tan lejos.
Adaptado de *Diccionario de dichos y frases hechas*.

50 Cruzar el charco

▶ Atravesar el océano, especialmente el Atlántico.

▶▶ Los jóvenes de hoy sueñan con **cruzar el charco** porque piensan que en América encontrarán una vida buena y cómoda.

51 Cruzársele los cables (a alguien)

▶ Sufrir una confusión momentánea, perder el control.

Origen

Si en una máquina se cruzan los cables, se produce un cortocircuito y deja de funcionar. Los cables son los nervios de una persona.

Adaptado de Diccionario de dichos y frases hechas.

▶ **USO**

Como el sujeto "los cables" es plural, el verbo va en tercera persona del plural.

▶▶ Oye, no te enfades conmigo. No quería decirle a Carmen lo de su novio. Pero en un momento **se me cruzaron los cables** y le conté lo que quería ocultar. No sé qué me pasó.

52 Cuando las ranas críen pelo

▶ Expresión que se utiliza para indicar que algo no va a ocurrir nunca.

Expresiones similares:

• Cuando las vacas vuelen.

▶▶ • Paco me prometió devolverme el dinero en un mes. Pero pasaron seis meses y todavía no me lo ha devuelto.
- Me parece que te lo va a devolver **cuando las ranas críen pelo**.

Hablar por los codos

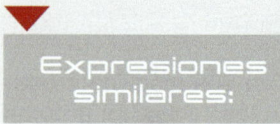

Expresiones similares:

- Curarse en salud.

53 Cubrirse las espaldas

▶ Asegurarse contra cualquier riesgo y contar con la ayuda que garantice que uno se salve en caso de algún peligro o fallo.

▶▶ La madre de Emilio es una de los directoras de la empresa donde trabaja mi madre. El otro día detuvieron a cinco directivos de la empresa por desviaciones de dinero, pero ella se salvó porque sabe **cubrirse las espaldas**. ¡Tiene amigos hasta en el infierno! ¡Qué listo es!

Origen

La calabaza es símbolo de lo que no vale nada, de algo que es de poca estima entre la gente.

54 Dar calabazas (a alguien)

▶ a. No superar un examen, es decir, suspender o ser suspendido en un examen.
b. Rechazar a alguien en sus pretensiones amorosas.

▶▶ a. Ayer me **dieron calabazas** en el examen de Química. Pero era de esperar porque no me había preparado bien.
▶▶ b. ¿Sabes? Esa chica rubia me parece que no quiere salir conmigo. Siempre que le invito, me **da calabazas**.

Dar carta blanca

▶ Dar la autorización a alguien para que obre en un asunto con toda la libertad y sin limitaciones.

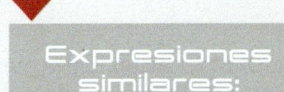

- Firmar un cheque en blanco.

▶▶ - ¿A que no has oído lo de los Cortázar?
• No, no. ¿Qué ha pasado?
- Juan Cortázar metió la pata. **Dio carta blanca** a su jefe de contabilidad para utilizar su cuenta corriente. Ese abusó de la confianza de Juan, le robó todo el dinero y desapareció. Es como si se le hubiera tragado la tierra.

 ## Dar con la puerta en las narices (a alguien)

▶ a. En sentido literal, cerrarle la puerta a alguien en su misma presencia.
b. En sentido figurado, no prestar ayuda a alguien.

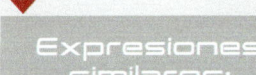

- Cerrársele a alguien todas las puertas (en sentido figurado).

▶▶ a. Cada día llaman a mi puerta más vendedores. Ya estoy harta. La próxima vez, **les voy a dar con la puerta en las narices**.
▶▶ b. Le he pedido ayuda y **me ha dado con la puerta en las narices**.

Origen

Hace muchos años era normal vender gatos en vez de conejos o liebres porque su parecido era tan grande que ni los mejores conocedores de la carne eran capaces de distinguirlos.

Expresiones similares:

- Vender gato por liebre.
- Dársela con queso.

 # Dar gato por liebre

▶ Engañar a alguien, especialmente en una transacción comercial, vendiéndole algo diferente de lo solicitado, normalmente de menor calidad.

▶▶ En la tienda de enfrente ayer me **dieron gato por liebre**. Me vendieron una carne estropeada y, además, me la cobraron carísima.

Origen

Probablemente esta expresión tiene relación con una vieja costumbre, la de dar jabón a las ruedas o cuerdas de las máquinas para que funcionaran mejor. El mismo resultado se consigue cuando alguien adula a otra persona.

Expresiones similares:

- Dar coba a alguien.
- Hacerle la pelota a alguien.

 # Dar jabón (a alguien)

▶ Adular a otra persona, normalmente para conseguir algún beneficio.

▶▶ Paco se pasa el día **dándole jabón** al jefe para que le ascienda.

59 Dar la lata

▶ Fastidiar, molestar a alguien.

▶▶ Te voy a comprar esas zapatillas, pero con la condición de que me dejes en paz. No me **des** más **la lata**.

Origen

Existen diferentes explicaciones sobre el origen de esta expresión. Una de ellas alude a las cencerradas, costumbre que consistía en disfrazarse y tocar cencerros, o bien arrastrar y dar golpes a latas vacías por las calles de los pueblos, sobre todo en Navidad o Carnaval.

Expresiones similares:

- Dar la paliza.
- Dar la vara.
- Dar la tabarra.
- Dar la murga.

60 Dar la vuelta a la tortilla

▶ Cambiar completamente una situación o una opinión.

▶▶ - ¿Qué tal si vamos con Paco a Ibiza este fin de semana?
- ¿Con Paco? Pero ¿qué te pasa? Sabes que con él nunca estamos seguros. La vez pasada nos organizó el viaje a Palma. No sé cómo nos convenció, le **dio la vuelta a la tortilla** y nos encontramos en Tenerife... No quiero que pase otra vez.

Origen

Para que la tortilla esté bien preparada y para que no se queme hay darle la vuelta.

Origen

Aunque su origen es incierto, esta expresión puede estar relacionada con la costumbre de la penitencia. Algunos pueblos se azotaban o se golpeaban con piedras para dar las gracias a sus dioses por los favores que recibían o para manifestar su dolor.

Expresiones similares:

- Darse con un canto en el pecho/los pechos.

61 Darse con un canto en los dientes

▶ Conformarse con algo, aunque sea malo, porque es mejor de lo esperado.

▶▶ Como no he estudiado mucho, si apruebo tres exámenes de los seis, puedo **darme con un canto en los dientes**.

62 Devolver la pelota (a alguien)

▶ Responder a lo que una persona hace o dice de la misma manera o con una acción semejante.

▶▶ Lo que me hizo Juan es inadmisible, pero yo no pienso estar con los brazos cruzados. **Le devolveré la pelota** en cuanto pueda.

Hablar por los codos

83 Estar en el séptimo cielo

▶ Estar muy feliz. Sentirse muy a gusto.

▶▶ Desde que me mudé al campo, **estoy en el séptimo cielo**: no hay ruidos, respiro aire puro, estoy rodeado de naturaleza…

Origen

Esta expresión tiene dos posibles orígenes. Hay quienes piensan que podría estar relacionada con el séptimo cielo de la religión musulmana que corresponde al paraíso. Para otros, esta expresión deriva de las teorías de Tolomeo, que fueron retomadas en el Renacimiento por Dante Alighieri, entre otros. Según estas, el universo se dividía en varios cielos, el séptimo era el último al que el hombre podía llegar, alcanzando así casi la perfección.

Expresiones similares:

- Estar en la gloria.
- Estar encantado de la vida.

84 Estar en época de vacas gordas/flacas

▶ Esta expresión alude a la época de abundancia y riqueza (o si se trata de "vacas flacas" a una época de escasez y pobreza).

▶▶ Mis padres me dicen que tenemos suerte de **estar en época de vacas gordas** porque ellos se acuerdan muy bien de los tiempos de **vacas flacas** cuando casi no tenían ni para comer.

Origen

Un faraón vio en sueños siete vacas gordas y luego siete vacas flacas que se comieron a las primeras. Al despertarse, el faraón llamó a los adivinos para que le interpretaran su sueño, pero como ninguno lo consiguió, llamó al hebreo José. Este le dijo que las siete vacas gordas significaban siete años de abundancia y las siete flacas otros tantos de pobreza y hambre.

Hablar por los codos

Expresiones similares:

- Estar en una nube.
- Vivir en las nubes.
- Tener la cabeza en las nubes.
- Estar/Vivir en la luna.
- Estar en el limbo.
- Estar en Babia/en las Batuecas.

85 Estar en las nubes

▶ Estar distraído, con la cabeza en otro lugar. Pensar en cosas irreales.

▶▶ • No sé qué le pasa a Gonzalo, últimamente **está en las nubes**.
- Creo que tiene problemas y no puede concentrarse en el trabajo.

Expresiones similares:

- Sentirse como pez en el agua.

86 Estar en su (propia) salsa

▶ Sentirse a gusto en un sitio o situación porque va mucho con la personalidad de alguien.

▶▶ En mi despacho **estoy en mi salsa**. Allí tengo todo lo que necesito para trabajar y sentirme feliz.

Hablar por los codos

 87 # Estar entre la espada y la pared

▶ Estar en una situación complicada de la que es muy difícil salir, ya que solo hay una única alternativa mala y peligrosa.

Expresiones similares:

- Estar entre el yunque y el martillo.

▶▶ **Estoy entre la espada y la pared**. Si acepto la propuesta de trabajar para esa empresa, pierdo mi libertad, pero si la rechazo no voy a ganar dinero, que buena falta me hace.

 88 # Estar entre Pinto y Valdemoro

▶ Estar indeciso a la hora de elegir entre dos o más cosas.

Origen

Pinto y Valdemoro son dos pueblos cercanos en la provincia de Madrid que antiguamente estaban separados por un arroyo muy estrecho. Se cuenta que en Pinto había un borrachín que por las tardes iba con sus amigos al arroyo y se ponía a saltarlo, diciendo a cada salto: "Ahora estoy en Pinto, ahora estoy en Valdemoro". Hasta que un día se cayó en el riachuelo y dijo: "Ahora estoy entre Pinto y Valdemoro".

▶▶ Todavía no han aprobado mi proyecto, **están entre Pinto y Valdemoro** y no saben si darme luz verde o no.

Origen

Esta frase proviene de otra, "estar la pelota en el alero". El alero es la parte del tejado que sobresale fuera de la pared y sirve para desviar las aguas de lluvia. Si la pelota está en el alero, no se sabe si va a caer o se va a quedar en el tejado.

▶ USO

El sujeto es "la pelota", por tanto el verbo va en tercera persona del singular.

89 Estar la pelota en el tejado

▶ Estar en una situación pendiente de una decisión. Ignorar cómo se va a solucionar una situación dada.

▶▶ Me han hecho una buena oferta para comprar mi casa, ahora **la pelota está en mi tejado**.

Expresiones similares:

- Estar que trina.
- Estar que echa chispas.
- Estar hecho un basilisco.

▶ USO

El sujeto en los dos verbos es el mismo.

90 Estar que se sube por las paredes

▶ Frase familiar que significa estar muy enfadado.

▶▶ Me engañó como si fuera tonto. Me prometió llevarme esta noche al teatro para ver una nueva obra, pero ni siquiera me ha llamado. ¡Y no es la primera vez que me lo hace! **Estoy que me subo por las paredes**.

91 Esto es papel mojado

▶ Es un documento inútil y sin valor para un fin determinado.

▶▶ • ¿Por qué no has entregado el impreso? Lo hemos rellenado bien y con todos los detalles.
- Sí, sí, con todos los detalles. Pero sin sello ni firma **es papel mojado**.

▼ Expresiones similares:

• Quedarse en papel mojado.

92 Faltarle un tornillo (a alguien)

▶ Estar loco, trastornado. Decir o hacer insensateces.

▶▶ Ayer conocí a un chico muy guapo. Pero me parece que **le falta un tornillo** porque a los cinco minutos me preguntó si quería casarme con él.

▶ USO

Normalmente se utiliza en sentido figurado.

USO

El verbo "haber" se utiliza en las formas impersonales: "hay", "había", "hubo", etc.

Expresiones similares:

- Hablar como los loros.
- Enrollarse.

93 Haber cuatro gatos

▶ Indica que hay muy poca gente en un sitio.

▶▶ Ayer estuvimos en el teatro. Pero solo **había cuatro gatos** y suspendieron la obra. La dejaron para otro sábado.

94 Hablar por los codos

▶ Hablar demasiado y sin interrupción.

▶▶ Su hermano es un chico muy pesado. **Habla por los codos** y no hay quien lo pare.

95 Hacer buenas migas

▶ Frase de uso familiar que significa que dos personas se llevan bien, que son buenos amigos.

Origen

Las migas son un guiso rústico de pedazos de pan desmigajado. Por lo tanto, si se cocina bien serán "buenas migas", sino serán "malas migas".

Expresiones similares:

- Ser como uña y carne.
- Llevarse bien.

- Hombre, Paco, ¡enhorabuena! Me han dicho que te has casado.
• Vives en casa de tus suegros, ¿no? ¿Cómo te llevas con ellos?
- Son estupendos. **Hacemos buenas migas** juntos.

96 Hacer leña del árbol caído

▶ Critica duramente a alguien que ya ha tenido un fracaso.

Origen

Talar un árbol es un trabajo duro, pero cuando el árbol ya está en el suelo, cortar un trozo más pequeño es fácil.

- ¿Por qué no te gusta Eduardo?
• No sé si te acuerdas de cuando despidieron a Jaime. Fue entonces cuando Eduardo le criticó duramente como si no fuera suficiente que lo despidieran. **Hizo leña del árbol caído**. No me gustó nada esta actitud.

Hacer puente

▶ No trabajar un día laborable que está entre dos festivos.

▶▶ - La semana que viene me voy para París y me quedaré allí 5 días.
• ¿Es que no tienes que trabajar?
- Sí, chica, pero el miércoles y el jueves son días festivos y el viernes **hacemos puente**, así que tengo unas pequeñas vacaciones.

 Hacerle la cama (a alguien)

▶ Tramar en secreto algo a alguien con el objeto de perjudicarle.

▶▶ No sabía que Inés era una persona tan mala. Presumía de ser muy amiga mía, pero todo el tiempo por detrás me estaba **haciendo la cama** porque quería mi puesto en la empresa.

• Hacerle el traje a alguien.

Hablar por los codos

99 Hacerle la rosca/ la pelota (a alguien)

▶ Adular a alguien para conseguir algo.

▶▶ No soporto a Ángela. **Le hace la pelota/la rosca** al jefe todo el santo día, que si "¿quiere un cafetito, jefe?", que si "¿le reservo un buen restaurante?"… Así que ha conseguido que él le diera dos días libres y a mí nada.

Origen

"Hacer la pelota" podría referirse al hecho de que una persona que adula a otra, la tiene en sus manos, y la toca, la aprieta, trata de amoldarla a su gusto, como quien hace una pelota. Más claro está "hacer la rosca", pues, aparte de que una persona amase a otra como si fuera un pan o una rosca, explicación que conecta con la anterior, la rosca es un pan o dulce redondo. Quien hace la rosca a otra persona la rodea permanentemente.

Expresiones similares:

- Bailarle el agua a alguien.
- Dorarle la píldora a alguien.

100 Hacerle sombra (a alguien)

▶ Superar en mérito o habilidad a otra persona.

▶▶ - No sé qué le pasa a mi jefe. Siempre me critica aunque sabe que no tiene razón.
  • Tiene mucho miedo de que **le hagas sombra** y de que te conviertas tú en el número uno en la empresa.

Origen

La frase es tan antigua como es antiguo el gesto de ensanchar mucho las aletas de la nariz cuando estamos enfadados.

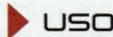 USO

Como el sujeto "las narices" está en plural, el verbo también siempre va en tercera persona del plural.

 # Hinchársele las narices (a alguien)

▶ a. Enfadarse mucho.
b. Hacerle perder a alguien la paciencia.

▶▶ a. Después de haberme engañado y dejado sin dinero, **se me hincharon las narices**.
b. Hombre, dime directamente lo que quieres porque ya **se me están hinchando las narices**. No tengo mucho tiempo. Date prisa.

Origen

Cuando se recogen los cereales, se recoge el grano y se quita la paja, lo que no sirve. En una conversación se llama "paja" a las palabras que no sirven para nada.

Adaptado de *Diccionario de dichos y frases hechas.*

Expresiones similares:

- Ir al meollo del asunto.

 USO

Generalmente se utiliza con el imperativo.

 # Ir al grano

▶ Frase coloquial que significa fijarse en lo más importante, tratarlo sin rodeos y olvidar lo superficial.

▶▶ ¿A qué has venido? Todavía no me lo has dicho. Por favor, déjate de rodeos y **ve al grano**, que no tengo mucho tiempo.

103 Ir de la Ceca a la Meca

▶ Ir de un lugar a otro sin parar.

▶▶ Quería comprarte un regalo especial y por eso me pasé todo el día **yendo de la Ceca a la Meca**, pero no lo encontré. Por eso te regalo este libro y espero que te guste.

Origen

Hay quienes piensan que la frase no tiene origen determinado, es decir, que está hecha como un simple juego con la rima. Pero puede ser que tenga origen en los dos lugares, Ceca y Meca, como símbolos de ir de lo material a lo espiritual: la Ceca -según el *Diccionario de la Real Academia*- es una palabra de origen árabe que significa 'la casa donde se fabrican las monedas' mientras que la Meca es 'el centro sagrado de la peregrinación de los musulmanes'.

▶ Uso

Se usa, generalmente con los verbos "ir", "andar".

104 Ir por lana y volver trasquilado

▶ Esperar unos resultados positivos o ganancias en un asunto pero, en vez de eso, sufrir una pérdida inesperada.

▶▶ - Como las acciones en bolsa habían subido mucho, me compré un buen paquete, pero nada más comprarlas empezaron a bajar y lo perdí todo.
• O sea que **fuiste por lana y volviste trasquilado**.

Origen

La frase alude a una historia en la que un carnero se metió en un rebaño ajeno pensando aprovecharse de las ovejas. Pero el pastor, que creía que el carnero era suyo, lo trasquiló, así que el carnero volvió a su rebaño trasquilado.

Hablar por los codos

Expresiones similares:

- Ir/Venir rodando.
- Ir como la seda.

105 Ir sobre ruedas

▶ Desarrollarse una cosa adecuadamente, de forma fácil y prevista, como si tuviera ruedas y no fuera necesario empujarla.

▶▶ - ¿Cómo te va el proyecto que empezaste el mes pasado?
• Muy bien. Todo **va sobre ruedas**. Espero terminarlo pronto.

106 Ir viento en popa

▶ Prosperar, funcionar una cosa perfectamente como si se tratara de un velero empujado por el viento que le ayuda a avanzar.

▶▶ Desde que tengo mi propia escuela todo **va viento en popa**. Estoy muy contenta.

107 Irse de la lengua

▶ Decir algo que se debería mantener en secreto.

▶▶ - ¿Por qué no me dices qué te pasa? Te veo preocupada.
• Porque, siempre que te digo algo, **te vas de la lengua** y todo el mundo se entera de lo que me pasa.

108 Irse por los cerros de Úbeda

▶ Desviarse del asunto del que se trata, cambiar de tema de conversación sin motivo o responder a la pregunta con algo que no tiene nada que ver con el tema.

▶▶ ¡Uy, perdón! Creo que yo **me he ido por los cerros de Úbeda** y no he contestado a tu pregunta.

Origen

Durante la Reconquista, cuando los cristianos luchaban contra los musulmanes por la conquista de la ciudad de Úbeda (Jaén), uno de los capitanes del rey desapareció antes de entrar en combate y se presentó en la ciudad después de que esta hubiera sido reconquistada. Al preguntarle dónde había estado, contestó que se había perdido por los cerros (tipo de colinas) de Úbeda. La frase fue tomada irónicamente por los cortesanos y los soldados y se perpetuó como signo de cobardía.

Hablar por los codos

Origen

Es posible que se trate de la historia de un cura que empezó a hablar de cosas terrenales porque se olvidó de qué santo y con qué motivo había empezado a hablar.

USO

El sujeto es "el santo", así que el verbo tiene que ir en tercera persona del singular.

 ## Írsele el santo al cielo (a alguien)

▶ Despistarse, olvidarse de lo que se estaba hablando o que se tenía que hacer.

▶▶ Quería decirte algo en relación con nuestra reunión de hoy, pero **se me ha ido el santo al cielo** y no me acuerdo. Te lo diré cuando me acuerde.

Origen

"La olla" (como "la azotea", "la pelota" o "el coco") se utiliza con el significado de 'cabeza'. Cuando la olla está demasiado tiempo al fuego, se le va el caldo, la sustancia. Lo mismo sucede al que se le va la cabeza.

Adaptado de *Diccionario de dichos y frases hechas*.

 ## Írsele la olla (a alguien)

▶ Volverse loco, perder el control.

▶▶ El director nos dijo que hiciéramos todos los informes para mañana. Esto es imposible. Creo que **se le ha ido la olla**.

Jugar con fuego

▶ Hacer una persona algo que puede resultar peligroso.

▶▶ Engañar a tu propio jefe es muy peligroso. **Estás jugando con fuego**. No te quejes cuando se entere y te despida, porque eso es lo que te pasará.

 ## Lágrimas de cocodrilo (llorar, derramar)

▶ Fingir una persona un dolor, arrepentimiento o pena que no se sienten.

▶▶ - ¿Cómo conseguiste que tu marido te perdonara lo que habías hecho e incluso te comprara este collar de oro?
• ¡Derramando unas cuantas **lágrimas... de cocodrilo**!

Origen

Los cocodrilos, cuando están en tierra, humedecen sus ojos y parece que están llorando. En muchos casos, salen a tierra para cazar a sus presas y, por eso, parece que están llorando al tiempo que se comen a sus víctimas.

Hablar por los codos

> **Expresiones similares:**
>
>
>
> - Comer el coco.

 ## Lavar el cerebro

▶ Tratar de convencer a una persona de forma insistente de que cambie de opinión o su modo de pensar, como si se quisieran borrar todas sus ideas.

▶▶ No trates de **lavarme el cerebro** diciéndome que compre este piso. Es que no me gusta y ya está.

 ## Lavarse las manos

▶ No aceptar la responsabilidad de algo, no tomar una decisión.

▶▶ Te digo que no lo hagas. Si te pasa algo, yo **me lavo las manos**. Que conste que te lo advertí.

Origen

La locución procede del Nuevo Testamento y cuenta que el gobernador romano en Judea, Poncio Pilato, ante la decisión de condenar o liberar a Jesucristo, se lavó las manos en señal de no admitir responsabilidad.

115 Levantar la liebre

▶ Descubrir un secreto que se quería mantener oculto.

Origen

Procede de su sentido literal, es decir, descubrir un secreto es lo mismo que hace el perro cazador cuando descubre a la liebre.

▶▶ No sé quién **levantó la liebre**, pero ahora todo el mundo sabe que me divorcio y que mi marido se casará con su secretaria.

116 Levantarse con el pie derecho

▶ Tener suerte, empezar algo con acierto.

Origen

Ya se sabe que en nuestra cultura lo derecho frente a lo izquierdo es siempre lo bueno.
Diccionario de dichos y frases hechas.

▶▶ - Veo que estás de buen humor. ¿Te ha pasado algo bueno?
• Hoy **me he levantado con el pie derecho**. Todo me va de maravilla.

Hablar por los codos

Origen

Puede ser que la frase tenga su origen en la satisfacción de un peregrino que hace un largo y fatigoso viaje andando para llegar a una iglesia y besar el santo de su devoción.

Expresiones similares:

- Llegué, vi y vencí (de la expresión latina: *Veni, vidi, vici*).

 # Llegar y besar el santo

▶ Conseguir muy rápidamente algo que se pretende.

▶▶ - ¿Cómo ha sido lo de la compra de tu nuevo coche?
 • Yo pensaba que sería difícil y que Diego se opondría. Pero fue **llegar y besar el santo** porque él aceptó de inmediato sin hacerme preguntas.

Expresiones similares:

- Tener la cabeza llena de pájaros.
- Meter pájaros en la cabeza.

 # Llenarle la cabeza de pájaros (a alguien)

▶ Infundir vanas esperanzas.

▶▶ La mejor amiga de mi hijo es buena, pero últimamente no me gusta porque le crea falsas expectativas, le hace soñar con cosas imposibles, **le llena la cabeza de pájaros**.

Hablar por los codos

119 Llevar al huerto

▶ Convencer a alguien.

▶▶ A mí no me va a **llevar al huerto**. Lo conozco bien, así que no le voy a dar nada de lo que me pidió.

Origen

La frase puede tener dos orígenes. Uno se refiere a una parte del Nuevo Testamento en la que se cuenta que Judas, para delatar a Jesucristo, le dio un beso en el Huerto de los Olivos. La otra, reflejada en varias obras de literatura, hace referencia al huerto como lugar amoroso, un amante lleva al otro al huerto para seducirle.

Expresiones similares:

- Dársela con queso.

120 Llevarse el gato al agua

▶ Vencer a alguien en una discusión, triunfar.

▶▶ Ayer tuvimos una fuerte discusión entre nosotros, pero, a mi pesar, Paula fue la que **se llevó el gato al agua**.

Origen

La frase tiene su origen en un juego antiguo en el que dos grupos de muchachos tendían una cuerda sobre un charco y se ponían a los lados extremos de la cuerda. Cada grupo tiraba de su extremo y el que conseguía hacer caer a los otros al suelo y llevarlos a gatas (andando con los pies y con las manos, arrastrándolos) al agua ganaba.

Adaptado de Diccionario de frases hechas y dichos.

Expresiones similares:

- Salirse con la suya.

Origen

Hay varias versiones. Quizá la más verosímil (citada por Galdós en una de sus novelas) es una que cuenta que en 1821 hubo un cambio de gobierno, pero la gente creía que presentaba las mismas ideas y los mismos problemas que el gobierno anterior.

Expresiones similares:

- Luchar sin cuartel/tregua.

121 Los mismos perros con distintos collares

▶ Se utiliza de forma peyorativa para indicar que, a pesar de un cambio de personas o cosas, todo es prácticamente lo mismo, solo es un cambio aparente.

▶▶ Nos cambiaron a dos profesores después de habernos quejado porque no explicaban bien. Pero los sustitutos no son mejores: son **los mismos perros con distintos collares**. ¡O sea que estamos igual!

122 Luchar con uñas y dientes

▶ Luchar por algo o alguien con gran tenacidad y empeño.

▶▶ Mi proyecto es el mejor y **lucharé** por él **con uñas y dientes**. No dejaré que otra persona se lleve el premio.

Hablar por los codos

123 Mandar al quinto pino (a alguien)

▶ Rechazar a alguien con enfado o brusquedad.

Origen

Durante el reinado de Felipe V, en el siglo XVIII, se plantaron en una de las arterias principales de la ciudad cinco pinos. El primero de ellos estaba en lo que hoy sería el comienzo del paseo del Prado. Los demás, situados a una notable distancia unos de otros, seguían por todo el eje hasta llegar al punto donde hoy vemos los Nuevos Ministerios, punto donde se alzaba imponente el quinto y último pino.
La gente los utilizaba en aquella época para concretar sus encuentros. Lo habitual era quedar en los dos o tres primeros, puesto que el quinto, el más alejado, quedaba casi a las afueras de la ciudad. Precisamente, en él solían quedar los enamorados, para estar alejados de las miradas de los curiosos.

⏵⏵ - Hace unos días me llamaron de una empresa pidiéndome que comprara sus productos, que eran los mejores.
• ¿Y qué les respondiste?
- Como no me interesa, **les mandé al quinto pino**.

124 Mantenerse en sus trece

▶ Persistir obstinadamente y con terquedad en una idea, propósito, afirmación o actitud.

Origen

Hay varias teorías sobre el origen, pero la más verosímil es la que se atribuye al antipapa Pedro de Luna, que mantuvo su derecho al pontificado con el nombre de Benedicto XIII durante el cisma de Occidente. Varias veces prometió renunciar a su cargo, pero, siempre que llegaba el momento, no cumplía su promesa. A pesar de muchas comunicaciones de reyes y príncipes se encerró en su castillo y no quiso ceder. Se mantuvo en sus trece, como Benedicto XIII, hasta su muerte en 1424.

⏵⏵ María es muy terca. Sabe que no tiene razón, que el chico con quien sale es un estafador, pero **se mantiene en sus trece** y sigue saliendo con él.

Marear la perdiz

▶ Dar vueltas a un asunto sin encontrar la solución.

▶▶ - ¿Has resuelto el problema del crédito?
• No, ¡qué va! No sé cómo hacerlo. Estoy **mareando la perdiz** todo el santo día, pero no encuentro la solución.

 ## Matar dos pájaros de un tiro

▶ Conseguir realizar dos objetivos de una sola vez.

▶▶ Cuando vayas al dentista, pasa por el centro y cómprame dos cuadernos que necesito hoy para la escuela. Así **matarás dos pájaros de un tiro**.

Hablar por los codos

 ## Matar el gusanillo

▶ Comer un poco para calmar el hambre.

▶▶ Dentro de dos horas vamos a cenar con nuestros amigos. Pero como tengo mucha hambre, comeré algo para **matar el gusanillo** mientras tanto.

Origen

Parece que la frase viene de Francia. Se trata de una creencia popular de que en el estómago de una persona habitan gusanillos y lombrices que piden comida, sobre todo a la hora de almorzar. Y por eso, por la mañana se toma aguardiente para matarlos o, al menos, para adormecerlos.

Expresiones similares:

- Tomar un tentempié.

 ## Meter la pata

▶ Equivocarse, intervenir en un asunto con desacierto, decir alguna cosa inoportuna.

▶▶ - Madre mía, otra vez he **metido la pata**. Le he preguntado a la mujer de Andrés si conocía a Eva olvidando que Eva había sido la novia de Andrés.

Origen

Indudablemente esta frase procedente del mundo animal, "alude al hecho de meter la pata un animal o la pierna un hombre en algún barrizal o lugar inmundo".
El porqué de los dichos. José María Iribarren, 1954 Herederos de José María Iribarren
De esta edición: mayo de 2002, Suma de Letras, S.L. Barquillo 21, 28004 Madrid

La frase tiene más sentido si se sabe que de vez en cuando se le añade la coletilla "hasta el corvejón", es decir, hasta la articulación que corresponde con la rodilla humana.

Hablar por los codos

129 Meterse a alguien en el bolsillo

▶ Ganar la simpatía o el apoyo de una persona.

▶▶ El actor fue fantástico. Al principio todos pensábamos que la función iba a ser muy aburrida, pero, como el chico tenía mucho talento, **se metió a todos en el bolsillo**.

Origen

La palabra "número" o "numerito" proviene del circo donde a cada actuación se le llama así.

Expresiones similares:

- Montar una escena.
- Dar el espectáculo.

130 Montar un numerito

▶ Hacer algo escandaloso o extravagante.

▶▶ Yo pensaba que mi exnovio era una persona tranquila e inteligente. Pero, cuando le dije que quería dejarlo, me **montó un numerito** delante de todos mis amigos. Todos se quedaron boquiabiertos.

Morder el anzuelo

▶ Dejarse engañar, creer una mentira.

Origen

Proviene de la pesca en la que se pone un anzuelo con un cebo y el pez, engañado, lo muerde.

Expresiones similares:

- Picar el anzuelo.
- Dársela con queso.

▶▶ Ese descarado de mi marido me dijo que necesitaba dinero para comprar un coche nuevo porque el nuestro estaba ya muy mal. Yo se lo di, pero parece que **mordí el anzuelo** porque el dinero fue para pagar sus deudas de juego.

 ## Mucho ruido y pocas nueces

▶ Tener algo una gran apariencia y, en realidad, ser de poca importancia.

Origen

La frase tiene un origen muy sencillo. Se alude al ruido que provocan las nueces cuando caen al suelo y al hecho de que en realidad ocultan en su interior poca cantidad de fruto comestible.

▶▶ Cuando me llamaron del hospital diciendo que mi hermana había tenido un accidente, me asusté mucho, pero afortunadamente fue **mucho ruido y pocas nueces**. Tuvo un solo rasguño en la pierna.

Origen

Según Covarrubias, "*abundar* viene del latín *en abundancia* tomando la metáfora de los ríos". Cuanto más llovía, tanto más se ensanchaban las olas.
Y de ahí, por derivación, que "nadar en la abundancia" equivale a "ser rico".

Expresiones similares:

- Estar forrado.
- Estar montado en el dólar.

 # Nadar en la abundancia

▶ Tener mucho dinero, ser rico.

 - ¿Sabes que María se casa y que han invitado a más de 400 personas? El banquete será en el hotel más caro de la ciudad.
• ¿Por qué te sorprende esto? Sus padres son ricos, **nadan en la abundancia** y pueden permitirse este lujo.

Origen

Procede de la facilidad que tenían algunos ladrones de robar la ropa y el dinero de las personas que se estaban bañando en los ríos y que habían dejado sus cosas en la orilla, porque es imposible nadar y vigilar (guardar) la ropa.

 # Nadar y guardar la ropa

▶ Aprovecharse de algo, tratando de obtener el mayor beneficio posible con el menor riesgo.

▶▶ Juan y Rocío se están separando y, como yo soy amigo de los dos, es cuestión de **nadar y guardar la ropa**: hablar con los dos y ser muy amigo de cada uno.

Hablar por los codos

135 No caber ni un alfiler

▶ No haber sitio o plaza libre, estar un lugar completamente lleno de gente.

Expresiones similares:

- No caber ni una mosca.
- Estar hasta los topes/las trancas.

▶▶ Ayer estuvimos en un concierto. La sala estaba tan llena que **no cabía ni un alfiler**.

136 No pintar nada

▶ No tener importancia, no desempeñar función alguna en un lugar, fiesta, reunión.

Origen

En algunos juegos de cartas un color (palo) de la baraja tiene más importancia que los otros tres. Es el palo que pinta.

▶ Uso

También se puede utilizar solo conjugando el verbo. Ej.: ¿Qué pinto yo aquí?

▶▶ Me voy porque es evidente que aquí **no pinto nada**. Nadie me hace caso.

73

Origen

En este caso, "pintura" se refiere a un cuadro. Indica que se tiene tal odio a una persona que no se la quiere ver de ninguna manera, ni en un cuadro.

USO

Normalmente el verbo "tener" se utiliza en presente, pero es posible en pasado. El resto de la frase es invariable.

137 No poder ver (a alguien) ni en pintura

▶ Sentir una gran aversión hacia alguien.

▶▶ ¡A ese chico **no puedo verlo ni en pintura**! No me gusta nada.

138 No tener dos dedos de frente

▶ Ser poco inteligente o incluso tonto.

▶▶ - ¿Conoces al novio de Carmen?
• No, ¿por qué?
- Porque no dice más que tonterías. Es infantil. **No tiene dos dedos de frente**. No entiendo cómo puede estar con él.

139 No ser nada del otro mundo

▶ No ser una cosa extraordinaria, sino común y corriente.

⏩ - ¿Qué tal la película que te recomendé?
  • Bueno, para serte sincero, **no es nada del otro mundo**. Esperaba mucho más.

140 No tener pelos en la lengua

▶ No tener reparos en decir lo que se piensa, pudiendo herir la susceptibilidad de otra persona.

⏩ Para mí no hay remedio. Como **no tengo pelos en la lengua**, siempre digo lo que pienso y por eso perdí el trabajo varias veces.

Expresiones similares:

- No ser nada del otro jueves.
- No ser muy allá.

Hablar por los codos

Expresiones similares:

- No ver ni torta.

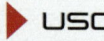 **USO**
Siempre en forma negativa.

Origen

Puede ser que esté relacionado con las quemas de condenados por la Inquisición. Los sospechosos de un delito grave (con cuernos se representa al diablo y a los posibles actos de brujería), antes incluso de ser inculpados, se decía que "olían a cuerno quemado", pues seguramente su destino era la hoguera.
Adaptado de *Diccionario de dichos y frases hechas*.

Expresiones similares:

- Oler a chamusquina.
- Haber gato encerrado.

141 No ver tres en un burro

▶ No ver nada, ser miope.

▶▶ Pero, hijo, mira por dónde vas. Casi te atropella el autobús. Parece que **no ves tres en un burro**.

142 Oler a cuerno quemado

▶ Resultar una cosa sospechosa o desagradable, causar mala impresión.

▶▶ Lo de Marina me **huele a cuerno quemado**. Ni me llama ni contesta a mis llamadas. O está enfadada o tiene otro novio.

Pagar el pato

▶ Padecer un castigo que ha merecido otra persona o sufrir las consecuencias de algo sin tener la culpa.

Origen

Proviene del siglo xv cuando los judíos comenzaban a ser perseguidos. El pacto de los judíos con Dios está escrito en su libro la Torá. Pero los cristianos, en su desconocimiento, creían que los judíos tenían un pacto (escrito y pronunciado como "pato") extraño y que adoraban a una tora (por su ignorancia pensaban que Torá era hembra del toro), es decir, una vaca, y les amenazaban con "pagar el pato", esto es, recibir un escarmiento por su pacto con una vaca.

Expresiones similares:

- Pagar los platos/cristales rotos.

▶▶ No sé qué pasa. O soy ingenua o soy tonta. Siempre que una compañera de trabajo hace algo malo, la que **paga el pato** soy yo. Ya estoy harta y se lo voy a decir todo al director.

 ## Pasar al otro barrio

▶ Morir, fallecer.

Expresiones similares:

- Pasar a mejor vida.
- Estirar la pata.

▶▶ Por favor, no conduzcas tan deprisa, vamos a tener un accidente y no quiero **pasar al otro barrio** todavía: soy demasiado joven.

Origen

En algunas órdenes de caballería, los nuevos miembros, antes de ser armados caballeros, pasaban la noche despiertos junto a sus armas, vestidos con unas túnicas blancas como símbolo de pureza.

Expresiones similares:

- Pasar la noche en vela.
- No pegar ojo.

 # Pasar la noche en blanco

▶ Pasar la noche sin dormir.

▶▶ Hace unos días **pasé la noche en blanco**: no pude dormir en toda la noche y todavía no he podido recuperarme. Sigo con ojeras y estoy muy cansada.

Expresiones similares:

- Pedir la luna.

 # Pedirle peras al olmo

▶ Pretender algo imposible.

▶▶ Esperar que tu hijo, que es un vago, termine la carrera en tres años sin repetir ningún curso es como **pedir peras al olmo**.

147 Pegarse como una lapa

▶ Insistir en hacerle compañía a alguien hasta resultarle muy pesado y aburrido.

Origen
La lapa es un molusco marino pegado tan fuertemente a la roca que resulta casi imposible despegarla sin usar el cuchillo.

▶▶ Ahí viene Isabel. Ya verás como **se nos pega como una lapa**, porque sabe que podemos ayudarle en el examen de mañana.

▶▶ **Me pegué como una lapa** a un grupo de famosos y conseguí entrar en el club.

148 Pegársele las sábanas (a alguien)

▶ Quedarse dormido, despertarse tarde, quedarse en la cama más de lo habitual.

▶ USO
Como el sujeto "las sábanas" es plural, el verbo también va en tercera persona del plural.

▶▶ - ¿Por qué llegas tan tarde a la oficina?
• Porque llegué a casa a las 5 de la mañana y **se me han pegado las sábanas**. Dormí como un tronco.

Origen

Procede del mito del laberinto y el Minotauro, según el cual Teseo consiguió entrar y salir del laberinto después de haber matado al Minotauro siguiendo el hilo que le había dado Ariadna.

Expresiones similares:

- Írsele el santo al cielo.
- Irse por los cerros de Úbeda.

 ## 149 Perder el hilo

▶ Esta frase indica que una persona deja de seguir una conversación o un discurso, es decir, pierde el argumento principal.

▶▶ No es que no entienda tu chiste. Es que **he perdido el hilo** por un momento y ahora no puedo seguirte.

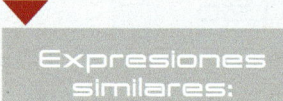

- A dos por hora.

 ## 150 Pisar huevos

▶ Hacer algo con suma precaución y lentitud.

▶▶ Anoche regresé a casa muy tarde y, para que no me oyeran, tuve que entrar **pisando huevos**.

Hablar por los codos

 151 # Poner el dedo en la llaga

▶ Hablar de un problema o de un asunto difícil, aunque duela.

Origen

Se trata de un episodio del Nuevo Testamento en el que se cuenta que uno de los discípulos, para convencerse de que Jesucristo había resucitado, le metió el dedo en la llaga del pecho y así comprobó que era realmente él.

▶▶ Arturo **puso el dedo en la llaga** cuando habló de la desorganización del departamento, porque era algo que todos sabíamos, pero nadie se atrevía a levantar.

 152 # Poner la mano en el fuego

▶ Tener seguridad en el comportamiento correcto de una persona, en su honradez o en la certeza de una cosa.

Origen

En los juicios de la Inquisición para demostrar la culpabilidad o inocencia de alguien, se le metía la mano en el fuego. Si a los tres días se le habían curado las heridas, entonces significaba que era inocente.

▶ USO

Poner alguien la mano en el fuego por otra persona o por algo.

▶▶ Victoria es mi mejor amiga y **pongo la mano en el fuego por ella**. La conozco bien y sé que nunca me mentiría.

Hablar por los codos

Expresiones similares:
- Dar envidia.

153 Ponerle los dientes largos (a alguien)

▶ Provocar la admiración o la envidia de alguien, hacer que otra persona sienta un deseo intenso por algo.

▶▶ - Mañana me voy de viaje, a una playa tropical.
• Hombre, y yo aquí trabajando con lluvia y frío. No **me pongas los dientes largos**, por favor.

Origen
Hace tiempo solo los caballeros utilizaban botas; era el calzado de quienes pertenecían a las clases superiores; de ahí, seguramente, esas connotaciones de riqueza y abundancia que tiene la locución.

154 Ponerse las botas

▶ Sacar beneficio de algo, enriquecerse o también comer mucho.

▶▶ ¡Qué suerte tienes! **Te has puesto las botas** vendiendo tu piso en el mejor momento. Con este dinero podrás comprarte una casa en la mejor zona.
Esta paella estaba riquísima. Comí mucho. **Me he puesto las botas**.

155 Ponérsele los pelos de punta (a alguien)

▶ Asustarse, sentir mucho miedo.

▶▶ Ayer vi un ratón. Casi me muero de miedo. **Se me pusieron los pelos de punta**.

Origen

Ante un miedo o la sorpresa, el cuero cabelludo sufre unas contracciones que provocan que los pelos sufran un leve erizamiento. En animales como el gato, este hecho constituye un sistema de defensa.

▶ USO

El sujeto son "los pelos", así que el verbo "ponerse" siempre va en tercera persona del plural.

Expresiones similares:

- Ponérsele la piel de gallina (a alguien).
- Erizársele el pelo (a alguien).

 ## 156 Ponerse morado

▶ Hartarse de algo, disfrutar de la comida o de otra cosa hasta la saciedad.

▶▶ Estuve tres días de excursión en la montaña y pasé un hambre horrible. Por eso, cuando regresé a casa, **me puse morada**. Comí yo sola toda una fuente de pasta.

Expresiones similares:

- Ponerse ciego.
- Ponerse las botas.
- Ponerse tibio.

Hablar por los codos

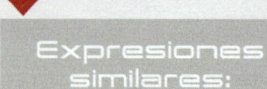

- A escondidas.
- Por detrás.

157 Por la puerta trasera (entrar/salir)

▶ Hacer una cosa tratando de evitar el procedimiento regular o hacer algo discretamente.

▶▶ - ¿Cómo es que este hombre se hizo tan famoso sin que nosotros nos diéramos cuenta?
- Es que **entró** en la política y en la vida pública **por la puerta trasera** y se instaló de una manera discreta.

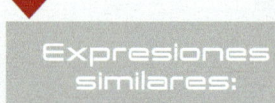

- Quedarse de piedra.

 USO

El verbo "quedar" se usa en presente y en pasado y el adjetivo cambia de género y número dependiendo del sujeto.

158 Quedarse helado

▶ Sirve para decir que una persona está tan horrorizada por algo negativo que no puede reaccionar.

▶▶ ¡Qué susto pasé ayer! Casi me atropella un coche. La culpa era mía porque iba por la calle hablando por teléfono y por supuesto no oí el coche que venía. Cuando lo vi, **me quedé helada**.

159 Romperse los cuernos

▶ Esforzarse o empeñarse en hacer algo difícil.

▶▶ - ¿Cómo has conseguido ser finalista?
• Pues **rompiéndome los cuernos**.

▶▶ Teresa y yo **nos hemos roto los cuernos** para conseguir el dinero que te debíamos. Toma, aquí lo tienes.

Expresiones similares:

• Romperse el cráneo/la crisma.

160 Sacar de sus casillas (a alguien)

▶ Irritar a alguien, hacerle enfadar o perder los nervios.

▶▶ Siempre que salimos a cenar, mi marido se pelea con los camareros porque piensa que le engañan. **Me saca de mis casillas** y además me da mucha vergüenza porque, en la mayoría de casos, no tiene razón.

Origen

La frase proviene del juego de las tablas (el ajedrez) donde un jugador saca la ficha que hay en una casilla si llega a ella.

Expresiones similares:

• Sacar de quicio.

Origen

La expresión procede de una fábula de La Fontaine en la que cuenta que un gato y un mono se pusieron a asar castañas al fuego. Cuando ya estaban listas, el mono, para no quemarse, engañó al gato para que las sacara él, alabando su valentía.

Expresiones similares:

- Sacar de un apuro.

161 Sacarle las castañas del fuego (a alguien)

▶ Solucionar a alguien un problema haciendo lo que le correspondería hacer a esa persona.

▶▶ Chico, si algo va mal por tu culpa, tienes que asumir tu responsabilidad. No puedo **sacarte las castañas del fuego** siempre. Crece de una vez y empieza a pensar como una persona adulta.

Origen

La expresión proviene de los juegos de cartas en los que, a veces, los jugadores tienen la carta de más valor (un as) escondida en la manga para sacarla en un momento determinado.

Expresiones similares:

- Tener un as en la manga.

162 Sacarse un as de la manga

▶ Tener una solución para cuando ya no hay otro remedio o tener una sorpresa para usarla en una situación determinada.

▶▶ Necesitaba dinero, pero Enrique me dijo que no podía ayudarnos a salir del apuro. Menos mal que **tenía un as en la manga**: le pedí el dinero a su hermana. Sabía que podía prestárnoslo.
Los alumnos se estaban aburriendo en la clase, entonces el profesor **se sacó un as de la manga** con un juego muy divertido.

163 Salir de Málaga y entrar (o meterse) en Malagón

▶ Salir de una situación difícil y entrar en otra peor.

▶▶ Vendimos esa casa porque era vieja y compramos otra en peor estado. **Salimos de Málaga y entramos en Malagón**.
▶▶ Estábamos contentos porque se fue el jefe que era muy desagradable y vino otro nuevo, peor. **Salimos de Málaga para meternos en Malagón**.

Expresiones similares:

- Salir de Guatemala y entrar en Guatepeor.

164 Salirle el tiro por la culata (a alguien)

▶ Dar una cosa un resultado contrario al que se esperaba, sufrir un daño tratando de obtener un beneficio de algo.

▶▶ ¿Sabes qué me pasó? Te acuerdas de ese solar que habíamos visto y que compré pensando que era barato. Pues **me salió el tiro por la culata** porque no se permite construir. Así que ahora no sé qué hacer con él.

Origen

"La culata es la parte del arma de fuego que se empuña o se apoya en el hombro, justamente opuesta al cañón; de ahí el sentido de la locución".
Diccionario de dichos y frases hechas.

▶ USO

"El tiro" es el sujeto, así que el verbo "salir" va siempre en tercera persona del singular.

Expresiones similares:

- Ir por lana y volver trasquilado.

165 Salir/Entrar por la puerta grande

▶ Locución adverbial que significa ser recibido con todos los honores, triunfalmente y con dignidad.

▶▶ Esta mañana he visto a Pablo Montalbán. **Ha entrado** en la empresa **por la puerta grande** porque había cerrado un contrato muy importante con un cliente. ¡Deberías haberlo visto!

Origen

En la mitología griega el dios Zeus arrojaba chispas y rayos cuando estaba enfadado.

166 Saltar chispas

▶ Provocar una situación tensa o violenta.

▶▶ No me digas nada. Estoy muy nerviosa y, si me provocas, te advierto que **saltarán chispas**.

Hablar por los codos

167 Ser cabeza de turco

▶ Pagar la culpa de otra persona.

Origen

Es posible que tenga su origen en los constantes enfrentamientos de los europeos con los turcos. A los turcos, se les echaba la culpa de todo y contra ellos se luchaba periódicamente casi como deporte nacional.
Adaptado de *Diccionario de frases hechas y dichos*.

Expresiones similares:

- Cargar con el mochuelo.
- Pagar el pato.

▶▶ Han detenido a nuestro director, pero a mí me parece que el pobre **es la cabeza de turco**. El Consejo de Administración es el culpable, no el director.

168 Ser de sangre azul

▶ Ser descendiente de reyes o de nobles.

Origen

La locución tiene su origen en los tiempos en los que las mujeres y hombres de altas clases sociales, por la riqueza que gozaban y la clase de vida que llevaban, se distinguían de los demás por su piel delicada y casi transparente que permitía que se vieran las venas de color azul.

Expresiones similares:

- Tener sangre azul.

▶▶ - Miguel Ángel se ha casado con una chica que **es de sangre azul**.
- ¿Cómo de sangre azul?
- Pues la chica es de una familia noble.

Origen

En la cocina española, el perejil es una especia muy utilizada para hacer salsas.

169 Ser el perejil de todas las salsas

▶ Indica que una persona se mete en cosas ajenas sin ser invitada.

▶▶ A mí no me gustan las personas como Cristina. Siempre se mete en todo y quiere saber todo. **Es el perejil de todas las salsas**.

Origen

Esta expresión tiene su origen en una fábula de Esopo. En ella se cuenta la historia de un campesino que tenía una gallina que, en vez de poner huevos normales, los ponía de oro. Llevado por su codicia, el campesino la mató, pues esperaba encontrar dentro de la gallina mucho oro, pero no fue así.

Expresiones similares:

- Matar la gallina de los huevos de oro.

170 Ser la gallina de los huevos de oro

▶ Ser fuente inagotable de riquezas.

▶▶ Luis Enrique se casó con una mujer muy rica que le va a pagar sus deudas, le va a mantener... **Es su gallina de los huevos de oro**.

171 Ser la gota que colma el vaso

▶ Lo que hace estallar una situación, algo que agota la paciencia de alguien.

Expresiones similares:

- Ser el colmo.

▶▶ Mi jefe me pidió ayer que terminara este trabajo en menos de media hora. Le dije que no era posible. Pero él, como siempre, no me hizo caso y a los 10 minutos me llamó para reclamar el trabajo. Para mí **fue la gota que colmó el vaso** y me enfadé.

172 Ser la oveja negra

▶ Se llama así a la persona cuyo comportamiento se distingue negativamente del de su familia o de un grupo social.

▶▶ En mi familia todos son médicos menos yo. Dicen que **soy la oveja negra** de la familia porque me dedico a otra cosa y no a la medicina.

Hablar por los codos

Expresiones similares:

- Ser un don nadie.

173 Ser un cero a la izquierda

▶ No valer para nada, ser una nulidad, ser una persona que desempeña un papel absolutamente poco relevante, no ser tenido en cuenta.

▶▶ Siempre que tenemos que salir, vosotros hacéis lo que queréis y mi opinión no se toma en cuenta. Parece que para vosotros **soy un cero a la izquierda**.

Origen

El verde es el color que se asocia con el erotismo: una película verde, un chiste verde...

174 Ser un viejo verde

▶ Se llama así a una persona que se comporta inapropiadamente para su edad, especialmente en lo sexual.

▶▶ Mi vecino de arriba **es un viejo verde**. Tiene 70 años y, siempre que paso a su lado, me dice cosas obscenas. Y para colmo su hija es mi amiga.

Hablar por los codos

175 Subírsele los humos a la cabeza

▶ Volverse soberbio o arrogante, creerse el mejor, por haber conseguido un éxito.

⏩ Después de haber recibido el premio por su proyecto, a Juan **se le han subido los humos** a la cabeza. Es muy difícil tratar con él. Se cree el rey del mundo.

Origen

En la época romana existía la costumbre de venerar los bustos de los antepasados y se les encendían velas. El busto que estaba más manchado de humo era signo de ser el más venerado.

▶ USO

Como el sujeto "los humos" está en plural, el verbo siempre va en tercera persona del plural.

176 Tener buena percha

▶ Se dice de una persona que tiene buen aspecto físico, figura.

⏩ - ¿Por qué han elegido a Cristina de modelo?
• A Cristina todo le queda fenomenal. **Tiene muy buena percha**.

Expresiones similares:

• Tener buen tipo.

Hablar por los codos

Expresiones similares:

- Ser un caradura.
- Tener mucha cara/morro/jeta.
- Tener más cara que espalda.

177 Tener cara dura

▶ No tener vergüenza, tener descaro.

▶▶ ¡**Qué cara dura tiene** Ignacio! No deja de pedirme dinero. Y nunca me lo devuelve.

Expresiones similares:

- Tener tirria a alguien.
- No poder ver a alguien ni en pintura.

178 Tener entre ceja y ceja (a alguien)

▶ Tener manía a una persona, sentir antipatía por alguien de forma obsesiva.

▶▶ No sé qué le hice a María. Me reprocha todo lo que hago. **Me tiene entre ceja y ceja**.

179 Tener la lengua larga

▶ Hablar demasiado de los demás.

▶▶ Juana se pasa el día hablando de los demás, contando las vidas ajenas. **Tiene la lengua muy larga**.

Expresiones similares:

- Ser un deslenguado.

180 Tener la mosca detrás de la oreja

▶ Estar receloso por algo. Sospechar.

▶▶ - ¿Qué te pasa?
• Mi marido esta semana me ha traído flores dos veces. Debe de ocultar algo. **Tengo la mosca detrás de la oreja**, ¡hum!

Origen

Existen dos explicaciones. La más simple dice que, cuando se oye el zumbido de una mosca, uno se siente incómodo y quiere cazarla. Del mismo modo, cuando se sospecha algo, se quiere conocer la verdad. La otra dice que antes los soldados que se encargaban de los cañones llevaban la mecha (mosca) detrás de la oreja. Si llevaban la mecha detrás de la oreja, es que algo iba a explotar.

Expresiones similares:

- Estar mosqueado.

181 Tener la sartén por el mango

▶ Ser el dueño de la situación, controlarla totalmente.

Expresiones similares:
- Cortar el bacalao.

▶▶ No te opongas al profesor. Él **tiene la sartén por el mango** y puede decidir si te aprueba el examen o no.

182 Tener las manos largas

▶ a. Ser una persona que tiene tendencia a pegar.
b. Ser un ladrón.

Expresiones similares:
- Ser un mangante.
- Ser un chorizo.

▶▶ a. Mi hijo **tiene las manos largas.** Cada vez que ve a otro niño, le pega.
b. ¡Otra vez me has quitado dinero del monedero! **Tienes las manos largas**, hijo.

Hablar por los codos

183 Tener manga ancha

▶ Ser permisivo y tolerante con las faltas propias y ajenas.

▶▶ Mis colegas profesores me dicen que **tengo manga ancha** con mis estudiantes porque casi todos aprobaron el examen.

Origen

En su origen la expresión se refería a la permisividad de los sacerdotes que confesaban. En la tradición católica, los fieles van a la iglesia y confiesan sus pecados a unos sacerdotes que les dan el perdón. Es posible que entonces se identificara esta tolerancia con el hecho de que el hábito que llevan los sacerdotes católicos tuviera las mangas más o menos anchas.

Adaptado de *Diccionario de dichos y frases hechas*.

Expresiones similares:

- Abrir la mano.

184 Tener muchas tablas

▶ Tener mucha experiencia, desenvolverse con soltura en una situación concreta.

▶▶ Me gusta este conferenciante. Sabe cómo captar la atención de los oyentes, disfruta dando la conferencia. Se ve que tiene la costumbre de hablar en público, **tiene muchas tablas**.

Origen

En el argot teatral con "las tablas" se alude al escenario y se dice que un actor tiene muchas tablas cuando ha estado actuando en muchas ocasiones.

Expresiones similares:

- Tener muchas horas de vuelo.

Origen

Se considera la sal como la alegría de la vida, del mismo modo que la sal hace más sabrosos los platos.

 ## 185 Tener salero

▶ Tener gracia o desenvoltura en la forma de actuar.

▶▶ ¡Qué chica tan simpática! **Tiene salero** en cualquier cosa que haga, te enamora a primera vista.

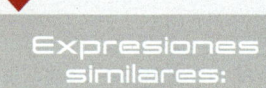
Expresiones similares:

- Sonsacar algo a alguien.

 ## 186 Tirarle de la lengua

▶ Hacer que alguien diga algo que quería callar, sonsacar información.

▶▶ No **me tires de la lengua**. No te lo voy a decir. Es un secreto y prometí a Sandra que no se lo diría a nadie.

Hablar por los codos

 187 Tirar la casa por la ventana

▶ Gastar más de lo necesario, derrochar.

Origen

La frase proviene del siglo XVIII cuando fue instaurada la lotería (1763) por orden del rey Carlos III. En aquella época las personas premiadas tenían la costumbre de tirar por la ventana los muebles viejos y otras cosas de casa para empezar una nueva vida con cosas de más valor o nuevas.

▶▶ Este año no vamos a viajar en Navidades porque en julio hicimos un gran viaje y **tiramos la casa por la ventana**. Ahora ya no nos queda dinero. Debemos ahorrar de nuevo.

 188 Tirar la toalla

▶ Rendirse, darse por vencido.

Origen

Es una frase propia del boxeo: cuando un entrenador tira la toalla, da a entender que su boxeador ha perdido la pelea.

Expresiones similares:

- Arrojar la toalla/la esponja.

▶▶ Hace meses que trabajo en este libro y, a veces, estoy a punto de **tirar la toalla**, porque me parece que nunca voy a terminarlo.

Expresiones similares:

- Ligar.
- Tontear.

189 Tirarle los tejos (a alguien)

▶ Intentar enamorar a otra persona, flirtear.

▶▶ Pero, Antonio, ¿qué te pasa? Somos amigos desde hace mucho tiempo... ¿y ahora **me tiras los tejos**? Yo pensaba que tenías novia y que te ibas a casar con ella.

Origen

Hay varias teorías sobre el origen de esta frase. Una se refiere al castigo que en tiempos se daba a algunos delincuentes y que consistía en cortarles el pelo al cero para que todo el mundo supiera su delito.

Adaptado de *Diccionario de frases hechas y dichos*.

190 Tomarle el pelo (a alguien)

▶ Burlarse de alguien, engañarle.

▶▶ Es muy difícil ser profesor. Los alumnos **te toman el pelo** y tú a veces no te das cuenta de eso.

Hablar por los codos

 ## Tragarle la tierra (a alguien)

▶ Se dice de alguien a quien no se ve desde hace mucho tiempo o no frecuenta los lugares que visitaba antes.

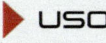 **USO**

Como el sujeto "la tierra" es singular, el verbo va siempre en tercera persona del singular.

▶▶ Hombre, Alberto, ¿qué te ha pasado? ¡Estoy contento de verte después de tanto tiempo! Has desaparecido como si **te** hubiera **tragado la tierra**.

 ## Tragarse una bola

▶ Creerse o decir mentiras.

Expresiones similares:

- Decir una bola.
- Decir una trola.

▶▶ ¡Qué ingenuo es Ricardo! **Se ha tragado esa bola** de que vamos a un crucero por el Caribe. ¿Cómo es posible creer una cosa así sabiendo que no tenemos dinero?

Origen

Proviene del refrán "hay que untar para que el carro ande". "Untar", es decir, 'poner aceite', 'engrasar'. En sentido figurado, hay que dar algo a cambio para que la cosa se resuelva rápida y favorablemente.

193 Untar a alguien

▶ Sobornar, dar dinero o cualquier otra compensación a alguien para conseguir lo que se desea.

▶▶ Sois unos sinvergüenzas. Daniel **os ha untado** a los dos y por eso ahora le dais el negocio a él.

194 Vender humo

▶ Vender ilusiones, hacer promesas falsas.

▶▶ No puedo más con Luis. No trabaja, está todo el santo día fuera de casa **vendiendo humo**: que va a ganar mucho dinero, que me va a llevar a Perú de vacaciones. Es un mentiroso y un vago.

Hablar por los codos

195 Venir como anillo al dedo

▶ Ser una cosa muy oportuna, algo que se presenta justo cuando lo necesitamos.

Expresiones similares:

- Venir al pelo.
- Venir como el agua en mayo.
- Venir que ni pintado.

▶▶ Mi marido compró dos billetes para que fuéramos de vacaciones. Estoy cansadísima y esas vacaciones me **vienen como anillo al dedo**.

196 Ver las estrellas

▶ Sentir un dolor físico muy fuerte.

▶▶ Ayer me pillé el pie derecho con la puerta del autobús y **vi las estrellas**.

Hablar por los codos

Origen

Seguramente el dicho hace referencia a una historia de un cazador cobarde que se enorgullecía de haber visto al lobo cuando solo le vio, y de lejos, las orejas.

Adaptado de *Diccionario de frases hechas y dichos.*

 ## Verle las orejas al lobo

▶ Darse cuenta de un peligro y cambiar, en consecuencia, de actitud.

▶▶ - Si sigues así, vamos a tardar mucho. ¿Por qué conduces tan despacio?
• Porque la semana pasada, conduciendo deprisa, casi me mato en un accidente. Así que **le vi las orejas al lobo** y ahora soy más prudente.

Expresiones similares:

- Vivir a cuerpo de rey.
- Vivir como un cura/rey/marajá/marqués.

 ## Vivir como un pachá

▶ Vivir cómoda y lujosamente.

▶▶ ¡Qué suerte tienes! Vives en una casa grande con cuatro mujeres que te cuidan y se ocupan de ti: tu mujer y tres hijas. **Vives como un pachá**.

Hablar por los codos

199 ¡Viva la Pepa!

▶ Se dice para evocar algún jolgorio, un ambiente festivo. A veces también puede conllevar la idea de desorden, caos.

Origen

"¡Viva la Pepa!" es el grito con el que desde el 19 de marzo de 1812 (festividad de San José) proclamaban los liberales españoles su adhesión a la Constitución de Cádiz (proclamada ese día, y conocida popularmente como "la Pepa").

▶▶ Mi marido y yo nos fuimos a pasar el fin de semana fuera y dejamos la casa a los niños. Cuando regresamos, habían organizado una fiesta y había una movida en casa que ni te cuento. **¡Viva la Pepa!**

200 Vivir/Estar en el quinto pino

▶ Vivir una persona muy lejos.

Origen

Se sitúa en Madrid en el siglo XVIII. En aquella época el paseo del Prado era la calle más larga de la ciudad y a lo largo de esta había plantados 5 grandes y frondosos pinos separados por una buena distancia. La gente de la época utilizaban estos pinos como punto de referencia a la hora de quedar con alguien... (a tal hora en el primer pino, el segundo, el tercero, etc). Al parecer el quinto pino se encontraba ya en las afueras, es decir, por donde están ahora los Nuevos Ministerios y allí se citaban los enamorados, lejos de la mirada de los curiosos.

▶▶ Como no tenía mucho dinero me compré un piso en las afueras de la ciudad. Ahora mis amigos me vienen a visitar raras veces porque dicen que **vivo en el quinto pino**.

▶▶ - Perdone, ¿queda lejos la estación de metro?
• ¡Uf! **Está en el quinto pino**. Lo siento. Tiene que andar al menos una hora.

EJERCICIOS

1. MARCA LA RESPUESTA CORRECTA:

1. A otro _____ con ese hueso.   **Frase 1**
  a) gato
  b) perro
  c) ratón

2. Acostarse con las _____ .   **Frase 3**
  a) cigarras
  b) serpientes
  c) gallinas

3. Arrimar el ascua a su _____ .   **Frase 18**
  a) langosta
  b) percebe
  c) sardina

4. Atar los _____ con longanizas.   **Frase 21**
  a) gallos
  b) cochinos
  c) perros

5. Aquí hay _____ encerrado.   **Frase 15**
  a) cordero
  b) gato
  c) gusano

6. Meter _____ .   **Frase 128**
  a) la cabeza
  b) la pata
  c) la mano

7. No ver tres en un _____ .   **Frase 141**
  a) caballo
  b) burro
  c) gallo

8. Marear la _____ .   **Frase 125**
  a) codorniz
  b) perdiz
  c) gaviota

2. RELACIONA:

1. Ahogarse en...	a) a su sardina.	Frase 9
2. Andar con...	b) con longaniza.	Frase 12
3. Con el corazón...	c) por las ramas.	Frase 45
4. Alzarse...	d) la abundancia	Frase 11
5. Atar los perros...	e) pies de plomo.	Frase 21
6. Andarse...	f) en la mano.	Frase 13
7. Arrimar el ascua...	g) un vaso de agua.	Frase 18
8. Nadar en...	h) cana al aire.	Frase 133
9. Echar una...	i) con el santo y la limosna.	Frase 71
10. Estar a...	j) dos velas.	Frase 80

3. MARCA LA RESPUESTA CORRECTA:

1. Abrir la mano significa... **Frase 2**
 a) disminuir el rigor.
 b) gastar dinero.
 c) recibir cordialmente a alguien.

2. Armarse la gorda significa... **Frase 17**
 a) se arma una mujer gorda.
 b) organizarse un gran lío.
 c) ser una persona antipática.

3. Agarrarse a un clavo ardiendo significa... **Frase 6**
 a) quemarse.
 b) servirse de cualquier medio para salvarse.
 c) apagar un clavo que arde.

4. Aguantar carros y carretas significa... **Frase 7**
 a) estar harto de carros y carretas.
 b) soportar cosas desagradables con paciencia.
 c) no poder comprar carro ni carreta.

5. Ahí le aprieta el zapato significa... **Frase 8**
 a) llevar puestos unos zapatos pequeños.
 b) caerle el zapato a alguien sobre el pie.
 c) descubrir el punto más débil de alguien.

6. Andarse por las ramas significa... **Frase 13**
 a) perderse en explicaciones insignificantes.
 b) ir por las ramas caídas.
 c) ir al bosque para recoger las ramas.

7. Apretarse el cinturón significa... **Frase 14**
 a) abrochar el cinturón.
 b) ahorrar.
 c) doblar el cinturón.

8. Atar cabos significa... **Frase 19**
 a) atar la cuerda.
 b) llegar a una conclusión relacionando pistas.
 c) atar una barca en el muelle.

9. Bailar con la más fea significa... **Frase 22**
 a) hacer tareas que nadie quiere.
 b) bailar con la chica más fea de la discoteca.
 c) adular a alguien.

10. Dar carta blanca significa... **Frase 55**
 a) escribir una carta.
 b) regalarle a alguien el sobre blanco.
 c) dar la autorización a alguien para que obre en un asunto sin limitaciones.

4. SUBRAYA LA RESPUESTA CORRECTA:

1. Agachar las manos/las orejas.	Frase 4
2. Bajar la cabeza/la espalda.	Frase 23
3. Andar con piernas/pies de plomo.	Frase 12
4. Armarse hasta las narices/los dientes.	Frase 16
5. Atar la mano/la lengua.	Frase 20
6. Bautismo de llama/fuego.	Frase 25
7. Entrar por la puerta grande/pequeña.	Frase 165
8. Buscarle las cosquillas/las costillas a alguien.	Frase 26
9. Chuparse el dedo/la mano.	Frase 42
10. No tener dos dedos de cabeza/frente.	Frase 138

5. RELLENA LOS HUECOS CON LA PALABRA ADECUADA:

1. Cantarle las _____ a alguien. **Frase 39**
2. Con el _____ en la mano. **Frase 45**
3. Agarrar el _____ por los cuernos. **Frase 5**
4. Alzarse con el _____ y la _____. **Frase 11**
5. Atar los perros con _____. **Frase 21**
6. Costar un _____. **Frase 48**
7. Cubrirse las _____. **Frase 53**
8. Entrar por el _____. **Frase 76**
9. Quedarse _____. **Frase 158**
10. Hacer buenas _____. **Frase 95**

6. SUBRAYA LA OPCIÓN CORRECTA:

1. Hoy no podemos salir porque caen hachas/chuzos de punta. **Frase 28**
2. Recoge tu habitación, parece una caja/un cajón de sastre. **Frase 36**
3. Anda, ayúdame, no se te van a caer las coronas/los anillos. **Frase 35**
4. Tengo que salir porque se me cae la casa/el techo encima. **Frase 34**
5. Estos niños son muy listos. Cazan todo al vuelo/de paso. **Frase 41**
6. Esta noticia me viene como caída del árbol/del cielo. **Frase 43**
7. Hay que tener mucha valentía para cruzar el charco/el pantano sin tener trabajo asegurado. **Frase 50**
8. Lo que me estás diciendo no tiene ni pies ni cabeza. Se te han cruzado las cuerdas/los cables. **Frase 51**
9. El hijo del vecino está en la cárcel porque le pillaron con las manos en la pasta/la masa. **Frase 47**
10. Desde ahora en adelante soy yo la que corta el atún/el bacalao. **Frase 44**
11. El novio de Teresa no me gusta, me cae delgado/gordo. **Frase 33**
12. Mi padre está en paro y por eso está con la bufanda/soga al cuello. **Frase 82**
13. Mi nueva asistenta ha limpiado la casa tan bien que ahora está como los chorros del agua/oro. **Frase 44**
14. Déjame en paz porque he perdido la cartera y estoy que me subo por las murallas/paredes. **Frase 90**
15. Los padres de Fernando son muy ricos, nadan en la riqueza/abundancia. **Frase 133**

7. ¿QUÉ SIGNIFICA? MARCA LA OPCIÓN CORRECTA:

1. Cuando las ranas críen pelo. **Frase 52**
   a) Las ranas tienen el pelo largo.
   b) Indica que algo nunca va a ocurrir.
   c) Las ranas no son comestibles.

3. Caer en la cuenta. **Frase 29**
   a) Entender algo que no se sabía antes.
   b) Caerse sobre una cuenta.
   c) Ajustar las cuentas con alguien.

2. Cambiar de chaqueta. **Frase 38**
   a) Comprar una chaqueta nueva.
   b) Cambiar una chaqueta por otra cosa.
   c) Cambiar de opinión.

4. Caerse de un guindo. **Frase 30**
   a) Caerse de un árbol.
   b) No ser ingenuo.
   c) Estar loco.

5. Caerse del nido. **Frase 32**
   a) Dejar el hogar.
   b) Mostrar ignorancia de una cosa conocida.
   c) Caerse de un árbol.

6. Cargarle el mochuelo a otra persona. **Frase 40**
   a) Poner el mochuelo sobre el hombro de alguien.
   b) Responsabilizar a alguien de algo que no le corresponde.
   c) Odiar a alguien.

7. Como los chorros del oro. **Frase 44**
   a) Estar una cosa muy limpia.
   b) Ser de color amarillo como el oro.
   c) Ser algo muy caro.

8. Caer gordo. **Frase 33**
   a) Una persona gorda se cae.
   b) No resultar simpático a alguien.
   c) Caerse sobre una persona gorda.

9. Buscar una aguja en un pajar. **Frase 27**
   a) Buscar una aguja perdida.
   b) Empeñarse en algo imposible.
   c) Buscar un objeto muy pequeño.

10. Quedarse helado. **Frase 158**
   a) Tener mucho frío.
   b) Estar horrorizado por algo negativo.
   c) Comerse un helado.

8. ¿QUÉ FRASE EMPLEARÍAS EN LAS SIGUIENTES SITUACIONES?

1. No sé qué hacer. María me gusta mucho, pero me volvió a... **Frases 54, 58, 56**
   a) dar calabazas.
   b) dar jabón.
   c) dar con la puerta en las narices.

2. Nunca más voy a ir a la tienda de enfrente. Me... **Frases 59, 57, 61**
   a) dieron la lata.
   b) dieron gato por liebre.
   c) dieron con un canto en los dientes.

3. Jorge debe de estar enamorado. Últimamente... **Frases 85, 80, 81**
   a) está en las nubes.
   b) está a dos velas.
   c) está al pie del cañón.

4. Enrique me ofendió ayer delante de todos. Que sepa que le... **Frases 20, 62, 78**
   a) ataré la lengua.
   b) devolveré la pelota.
   c) encontrará la horma de su zapato.

5. No sé qué hacer. Mi jefe, prácticamente, me chantajeó con unas condiciones que no puedo cumplir. Por eso... **Frases 81, 87, 86**
   a) estoy al pie del cañón.
   b) estoy entre la espada y la pared.
   c) estoy en mi salsa.

6. Alicia recibe una bronca del jefe y su compañero en vez de defenderla... **Frases 71, 67, 65**
   a) echa una cana al aire.
   b) echa leña al fuego.
   c) echa el gancho.

7. No sé qué pasa hoy. Todo me va bien y además he aprobado uno de los exámenes más difíciles. Parece que... **Frases 116, 160, 164**
   a) me he levantado con el pie derecho.
   b) me han sacado de mis casillas.
   c) me ha salido el tiro por la culata.

8. Marina me presentó ayer a su novio que durante una hora no dijo ni una sola palabra. Parece que... **Frases 90, 138, 133**
   a) está que se sube por las paredes.
   b) no tiene dos dedos de frente.
   c) nada en la abundancia.

9. La semana pasada me tocó la lotería. No es mucho, pero como tengo muchas deudas me viene como... **Frases 91, 82, 195**
   a) papel mojado.
   b) la soga al cuello.
   c) anillo al dedo.

10. Esta mañana, yendo a la oficina, he perdido el anillo de compromiso. Tengo que encontrarlo, aunque sé que buscarlo en la calle sería como... **Frases 27, 71, 69**
   a) buscar una aguja en un pajar.
   b) echar una cana al aire.
   c) echar en saco roto.

9. CONTESTA A LAS SIGUIENTES PREGUNTAS:

1. ¿Qué cosa tienes que echar para ayudar a alguien?	Frase 72
2. Si quieres no responsabilizarte de algo, ¿qué tienes que echar fuera?	Frase 64
3. ¿Qué tienes que echar para detener a un ladrón?	Frase 66
4. Si tienes que decidir algo, ¿dónde está la pelota?	Frase 89
5. ¿Por dónde no debe empezarse la casa?	Frase 77
6. ¿Qué tienes que encontrar para tener a alguien que te convenga más?	Frase 78
7. Si quieres darle la autorización a alguien que obre en tu nombre en algún asunto, ¿qué le das?	Frase 55
8. ¿Cómo te quedas si ves algo horroroso o muy desagradable?	Frase 158
9. ¿Cómo te cae alguien si no te parece simpático?	Frase 33
10. ¿Qué tiras si quieres gastar más dinero de lo que haces normalmente?	Frase 187

10. RELLENA LOS HUECOS CON UNA PALABRA:

1. Echar _____ a los cerdos.	Frase 68
2. El mundo es un _____.	Frase 75
3. Echar _____ y culebras.	Frase 70
4. Cajón de _____.	Frase 36
5. En época de las _____ gordas.	Frase 84
6. Ahogarse en un _____ de agua.	Frase 9
7. Enseñar los _____.	Frase 79
8. Estar entre Pinto _____.	Frase 88
9. Estar al _____ del cañón.	Frase 81
10. Encontrar la _____ de su zapato.	Frase 78
11. Barrer para _____.	Frase 24
12. Echar una _____ al aire.	Frase 71
13. Dar la vuelta a la _____.	Frase 60
14. Crecer como la _____.	Frase 49
15. Ponerse los pelos de _____.	Frase 155

11. RELACIONA COMPLETANDO LAS FRASES:

1. Faltarle un tornillo a alguien.	Frase 92
2. Estar entre Pinto y Valdemoro.	Frase 88
3. Estar la pelota en el tejado.	Frase 89
4. Estar en el séptimo cielo.	Frase 83
5. Hablar por los codos.	Frase 94
6. Haber cuatro gatos.	Frase 93
7. Estar en su salsa.	Frase 86
8. Meter la pata.	Frase 128
9. Barrer para casa.	Frase 24
10. Echar en saco roto.	Frase 69

a. Paco es muy feliz en su matrimonio. Dice que _____.
b. Estoy esperando la respuesta sobre las condiciones de la venta de mi casa. Yo ya he aceptado todo y ahora _____ de los compradores.
c. Otra vez _____ diciéndole a Diego que su novia no es nada del otro mundo y no debe sorprenderte que esté enfadado contigo.
d. No soporto a la novia de Fernando _____ y no deja a nadie decir ni una sola palabra.
e. Me parece que a ese chico que conocimos ayer _____. Me invitó a pasar las vacaciones con él como si fuera su novia.
f. Ayer fuimos al teatro y antes de entrar Juan nos repartió las entradas y como siempre _____ se ha quedado con las mejores y a nosotros nos dio la última fila.
g. Cristina está muy contenta. Dice que en su nuevo trabajo le va muy bien y que en su nueva oficina _____.
h. No sé qué hacer, aceptar o no la nueva propuesta de trabajo. Estoy _____.
i. El concierto de ayer estuvo muy bien. Es una lástima que _____.
j. Siempre _____ mis consejos y luego te quejas que nadie te hace caso.

12. ¿QUÉ ANIMAL FALTA?

1. Llevarse _____ al agua.	Frase 120
2. Matar dos _____ de un tiro.	Frase 126
3. Lágrimas de _____.	Frase 112
4. Los mismos _____ con distintos collares.	Frase 121
5. Ser la _____ negra.	Frase 172
6. Levantar la _____.	Frase 115
7. Llenar la cabeza de _____.	Frase 118
8. Matar el _____.	Frase 127
9. Pagar el _____.	Frase 143
10. Pegarse como una _____.	Frase 147
11. Marear la _____.	Frase 125
12. No ver tres en un _____.	Frase 141

13. RELACIONA LOS DICHOS CON LAS FRASES DE LA PÁGINA SIGUIENTE Y COMPLÉTALAS EN LA FORMA ADECUADA:

1. Montar un numerito.	Frase 130
2. Hacer puente.	Frase 97
3. Lavarse las manos.	Frase 114
4. Morder el anzuelo.	Frase 131
5. Mantenerse en sus trece.	Frase 124
6. Luchar con uñas y dientes.	Frase 122
7. Mandar a alguien al quinto pino.	Frase 123
8. Ir viento en popa.	Frase 106
9. Ir al grano.	Frase 102
10. Quedarse helado.	Frase 158

a. Este proyecto es muy bueno y _____ por él.
b. Yo le dije a Diego que no lo hiciera y, como no me hizo caso, yo me _____ .
c. ¿Por qué me has hecho venir? No tengo mucho tiempo y por eso déjate de rodeos y _____ .
d. ¡Qué chica más terca! Sabe que no tiene razón y a pesar de todo _____ .
e. Desde que monté mi propio negocio todo me _____ . Estoy muy contenta.
f. Por favor, cálmate y no me _____ en medio de la calle. La gente nos está mirando.
g. ¡Qué tío tan pesado! No me deja en paz. No me queda otro remedio que _____ .
h. Esta semana tendremos unas cortas vacaciones porque el jueves es fiesta y el director nos dijo que podíamos _____ y empezar a trabajar el lunes.
i. Ayer _____ cuando vi las imágenes del accidente que pasó en el centro de la ciudad.
j. Me contó una historia muy emocionante y yo _____ . Ahora veo que me ha engañado.

14. ¿QUÉ SIGNIFICAN ESTAS FRASES?

1. Írsele a alguien el santo al cielo: **Frase 109**
   a) Estar de mala suerte.
   b) Estar de buen humor.
   c) Olvidar lo que se iba a decir.

2. Hacerle la cama a alguien: **Frase 98**
   a) Tramar algo en secreto.
   b) Hacer la cama al perro.
   c) Pedirle al carpintero que haga una cama.

3. Hinchársele a alguien las narices: **Frase 101**
   a) Tener la nariz hinchada.
   b) Enfadarse con alguien.
   c) Sospechar.

4. Irse por los cerros de Úbeda: **Frase 108**
   a) Hacer senderismo por los cerros de Úbeda.
   b) Viajar a Úbeda.
   c) Cambiar de tema de conversación.

5. Írsele a alguien la olla: **Frase 110**
   a) Estar loco.
   b) Caérsele a alguien la olla.
   c) Preparar una comida en la olla.

6. Hacerle sombra a alguien: **Frase 100**
   a) Proteger a alguien del sol.
   b) Impedir a alguien que prospere.
   c) Bajar las persianas.

7. Ir de la Ceca a la Meca: **Frase 103**
   a) Ir de un lugar a otro sin parar.
   b) No encontrar nada en la Ceca y buscarlo en la Meca.
   c) Hacer un recorrido turístico.

8. Dar la vuelta a la tortilla: **Frase 60**
   a) Preparar una tortilla.
   b) Cambiar completamente una situación o una opinión.
   c) Tirar la tortilla.

9. Cubrirse las espaldas: **Frase 53**
   a) Asegurarse contra cualquier riesgo teniendo la ayuda de otra persona.
   b) Cubrirse las espaldas con un pañuelo.
   c) Tener la espalda bien protegida.

10. Tragarse una bola: **Frase 192**
   a) Tragar una pelota.
   b) Creerse una mentira.
   c) Comer algo de una bola.

15. CONTESTA A LAS PREGUNTAS:

1. ¿Qué animal tienes que matar para satisfacer el hambre? — **Frase 127**
2. Si quieres convencer a alguien de que cambie de opinión, ¿qué le lavas? — **Frase 113**
3. Si consigues algo muy rápidamente, ¿a quién besas? — **Frase 117**
4. Si quieres convencer a alguien, ¿adónde le llevas? — **Frase 119**
5. Si consigues la simpatía de alguien, ¿dónde le metes? — **Frase 129**
6. Si eres muy testarudo, ¿en qué te mantienes? — **Frase 124**
7. Si te vas por lana, ¿cómo vuelves? — **Frase 104**
8. Si haces algo peligroso, ¿con qué juegas? — **Frase 111**
9. Si has conseguido algo difícil, ¿qué animal has llevado al agua? — **Frase 120**
10. Si has olvidado lo que ibas a decir, ¿quién se te ha ido al cielo? — **Frase 109**
11. Si no tienes dinero, ¿cómo estás? — **Frase 82**
12. Si alguien te ayuda en una situación difícil, ¿cómo te viene eso? — **Frase 195**
13. Si eres ingenuo y crees las mentiras de otros, ¿qué te tragas? — **Frase 192**
14. Si te asustas, ¿cómo se te ponen los pelos? — **Frase 155**
15. Si estás muy enfadado, ¿por dónde te subes? — **Frase 90**

16. MARCA EL SIGNIFICADO CORRECTO:

1. Nadar y guardar la ropa: **Frase 134**
   a) Nadar con la ropa puesta.
   b) Nadar y dejar la ropa.
   c) Aprovecharse de algo con el menor riesgo.

2. No ser nada del otro mundo: **Frase 139**
   a) No ser nada especial.
   b) No ser extraterrestre.
   c) No ser divertido.

3. Oler a cuerno quemado: **Frase 142**
   a) Engañar a alguien.
   b) Resultar una cosa sospechosa.
   c) Oler mal una cosa.

4. Pasar al otro barrio: **Frase 144**
   a) Pasear de un barrio a otro.
   b) Morir.
   c) Cambiar de dirección.

5. Poner el dedo en la llaga: **Frase 151**
   a) Señalar el origen de un problema.
   b) Hacerse daño con un dedo.
   c) Apretar una herida con el dedo.

6. Ponerse las botas: **Frase 154**
   a) Arreglarse para salir.
   b) Sacar beneficio de algo.
   c) Calzarse las botas.

7. Ponerse morado: **Frase 156**
   a) Saciarse.
   b) Ser de color morado.
   c) Pintar algo de color morado.

8. Sacar las castañas del fuego: **Frase 161**
   a) Sacarle a alguien de un apuro.
   b) Preparar las castañas para comer.
   c) Evitar un peligro.

9. Sacarle a alguien de sus casillas: **Frase 160**
   a) Hacer que alguien salga de su casa.
   b) Irritar a alguien.
   c) Jugar a La Oca.

10. Saltar chispas: **Frase 166**
    a) Encender el fuego.
    b) Provocar una situación tensa.
    c) Estar alegre.

17. SUBRAYA LA OPCIÓN CORRECTA:

1. No chuparse el dedo/la mano. — **Frase 42**
2. No tener pelos/vellos en la lengua. — **Frase 140**
3. Pagar el gato/el pato. — **Frase 143**

4. Pasar la noche en negro/en blanco. Frase 145
5. Pegarse como una lapa/una sanguijuela. Frase 147
6. Por la puerta delantera/trasera. Frase 157
7. Echar una jarra/cana al aire. Frase 71
8. Tragarse una pelota/bola. Frase 192
9. Estar a dos candelas/velas. Frase 80
10. Meter la pierna/pata. Frase 128

18. RELLENA LOS HUECOS CON LA PALABRA ADECUADA:

1. Lo siento, no pueden entrar. La sala está tan llena de gente que no cabe ni un _____ . Frase 135

2. Los alumnos estaban tan traviesos y no me hacían caso que en un momento me pregunté: ¿qué _____ yo aquí? Frase 136

3. Por fin me he enterado de que mi exnovio es una persona muy mala y ahora no puedo verlo ni en _____ . Frase 133

4. Lo que me pides que te haga es tan imposible como pedirle _____ al olmo. Frase 146

5. Por favor, no me pongas los _____ largos. Tengo mucha hambre y tú no dejas de hablar de comida. Frase 153

6. Es una persona tan buena y honesta que estoy dispuesta a poner la _____ en el fuego por él. Frase 152

7. Si nadie le hace caso a una persona, si nadie la respeta, esa persona es un _____ a la izquierda. Frase 173

8. Si te llevas bien con alguien, haces _____ con él. Frase 95

9. Si te preocupas por algo innecesariamente, ¿qué te calientas? Frase 37

10. Si te aseguras de cualquier riesgo, ¿qué te cubres? _____ Frase 53

19. MARCA LA OPCIÓN ADECUADA:

1. Pegársele a alguien las... Frase 148
   a) almohadas
   b) colchonetas
   c) sábanas

2. Sacarse un... de la manga. Frase 162
   a) pájaro
   b) as
   c) conejo

3. Hacer la... Frase 99
   a) tortilla
   b) rosca
   c) tarta

4. Ser el... de todas las salsas. Frase 169
   a) aceite
   b) perejil
   c) vinagre

5. Ser... de turco. Frase 167
   a) pelo
   b) cabeza
   c) mano

6. Ser la... negra. Frase 172
   a) oveja
   b) cabra
   c) yegua

7. Ser de... azul.
   a) pelo
   b) ojos
   c) sangre
	Frase 168	9. Ser la gota que colma el...
		   a) fuente
		   b) vaso
		   c) cazo
			Frase 171

8. Ser un... a la izquierda.
   a) tonto
   b) ingenuo
   c) cero
	Frase 173	10. Buscar una aguja en un...
		   a) bosque
		   b) pajar
		   c) lugar secreto
			Frase 27

20. RELACIONA LOS DICHOS CON LAS FRASES Y COMPLÉTALAS EN LA FORMA CORRECTA:

1. Perder el hilo.   **Frase 149**
2. Pisar huevos.   **Frase 150**
3. Papel mojado.   **Frase 91**
4. Costar un riñón.   **Frase 48**
5. Romperse los cuernos.   **Frase 159**
6. Salir de Málaga y entrar en Malagón.   **Frase 163**

a) He conseguido casi todo, pero me costó mucho trabajo y tuve que _____ .

b) Anoche llegué tarde a casa y, como todo el mundo ya dormía, tuve que entrar _____ .

c) Me gusta la casa que vimos ayer, pero no podemos comprarla porque _____ .

d) ¿Puedes repetir lo que has dicho, por favor? Es un poco complicado y _____ .

e) Bueno, ya sé que tu trabajo no es bueno, pero dejarlo para trabajar con Diego es como _____ .

f) Las acciones que tenemos no son más que un _____ porque la empresa se declaró en bancarrota y ahora no podemos hacer nada.

21. ¿QUÉ PARTE DEL CUERPO FALTA?

1. Subírsele a alguien los humos a la...	**Frase 175**	5. Tener la mosca detrás de la...
		   a) nuca
		   b) cabeza
		   c) oreja
			Frase 180

a) cabeza
   b) cara
   c) nariz			

2. Tener... dura.
   a) mejilla
   b) cara
   c) lengua
	Frase 177	6. Tenerle a alguien entre...
		   a) ojo y ojo
		   b) brazo y brazo
		   c) ceja y ceja
			Frase 178

3. Tener las... largas.
   a) orejas
   b) manos
   c) piernas
	Frase 182	7. Tirar de la...
		   a) mano
		   b) lengua
		   c) espalda
			Frase 186

4. Tener la... larga.
   a) melena
   b) cara
   c) lengua
	Frase 179	8. Tomarle el... a alguien.
		   a) pies
		   b) codo
		   c) pelo
			Frase 190

9. Cubrirse las...   Frase 53
   a) manos
   b) espaldas
   c) piernas

10. Costar un...   Frase 48
   a) dedo
   b) riñón
   c) pie

22. MARCA LA RESPUESTA CORRECTA:

1. Tener buena percha es...   Frase 176
   a) tener muchas perchas en el armario.
   b) tener buen aspecto físico.
   c) tener una percha hecha de madera.

2. Tener la sartén por el mango es...   Frase 181
   a) tener la sartén en la mano.
   b) dar un sartenazo.
   c) controlar una situación.

3. Tener muchas tablas es...   Frase 184
   a) preparar tablas para hacer un armario.
   b) actuar en el teatro.
   c) tener mucha experiencia.

4. Tirar la toalla es...   Frase 188
   a) meter la toalla sucia en la lavadora.
   b) darse por vencido.
   c) desafiar a alguien.

5. Tragarle la tierra a alguien es...   Frase 191
   a) caer en un hueco.
   b) desaparecer.
   c) desaparecer en la oscuridad.

6. Ver las estrellas es...   Frase 196
   a) mirar las estrellas.
   b) sentir un gran dolor físico.
   c) observar el universo.

7. Vivir en el quinto pino es...   Frase 200
   a) vivir muy cerca.
   b) vivir muy lejos.
   c) vivir en el bosque.

8. Hacer la rosca es...   Frase 99
   a) hacer un pastel.
   b) adular a alguien para conseguir algo.
   c) tener éxito en el amor.

9. Hacer buenas migas es...   Frase 95
   a) llevarse bien dos personas.
   b) hacer migas de pan.
   c) hacer que dos personas se lleven bien.

10. Ponerse los pelos de punta es...   Frase 155
   a) cortarse el pelo.
   b) hacerle a alguien el peinado cardándolo.
   c) asustarse mucho.

23. COMPLETA LAS FRASES:

1. Si nadie le hace caso a una persona, si nadie la respeta, esa persona es un ▓▓▓▓▓ a la izquierda.   Frase 173

2. Si un hombre viejo tira los tejos a las chicas jóvenes y las invita a salir, es un viejo ▓▓▓▓▓.   Frase 174

3. Si dejas la casa a los niños un fin de semana, ¿qué dices cuando vuelves y te das cuenta que en casa ha habido una movida y una gran fiesta? ▓▓▓▓▓.   Frase 199

4. Si una persona es demasiado permisiva y tolerante, es que tiene ▓▓▓▓▓ ancha.   Frase 183

5. Si una persona es graciosa y divertida, esa persona tiene ▓▓▓▓▓.   Frase 185

6. Si una persona te invita a salir y quiere tener una relación amorosa contigo, esa persona te ▓▓▓▓▓.   Frase 189

7. Si una persona vive cómoda y lujosamente, esa persona vive como un ▓▓▓▓▓.   Frase 198

8. Si una persona ha visto un peligro de cerca, es que ha visto las ▓▓▓▓▓ al lobo.
Frase 197

9. Si una persona quiere sobornar a alguien para conseguir algo, es que esa persona le ▓▓▓▓▓.
Frase 193

10. Si una persona te da promesas falsas, esa persona vende ▓▓▓▓▓. **Frase 194**

11. Si una persona no te hace caso, tus palabras ▓▓▓▓▓. **Frase 69**

12. Si alguien se pasa de la raya y además espera que le apoyemos, decimos que esto es la ▓▓▓▓▓.
Frase 171

13. Si alguien da vueltas a un asunto sin encontrar la solución, él ▓▓▓▓▓. **Frase 125**

14. Si alguien se preocupa por algo innecesariamente, él ▓▓▓▓▓. **Frase 37**

15. Si una persona acepta la voluntad ajena a pesar de la repugnancia, esta persona ▓▓▓▓▓.
Frase 76

Hablar por los codos

Refranes

1. A buenas horas, mangas verdes

Se utiliza cuando una solución o ayuda llega tarde y ya no se necesita.

- Hola, ¿para qué me llamaste el lunes?
• ¡No sé si lo sabes, pero hoy estamos a viernes! A buenas horas, mangas verdes, ya está todo solucionado. ¡Gracias por tu ayuda!

Origen { Procede de unos policías, los cuadrilleros de la Santa Hermandad (1476-1834), que vestían con un uniforme verde. Poco a poco fueron perdiendo efectividad y, al final, tenían tal fama de llegar tarde a los conflictos que eran tratados con desprecio y, a partir de entonces, se popularizó la frase.

2. A caballo regalado, no le mires el diente

Aconseja aceptar las cosas regaladas con agradecimiento y no buscar defectos ni preguntar por su valor.

- ¿Qué te pasa?
• Nada. Estoy mirando los regalos de mi cumpleaños y veo que Jaime me ha traído un disco que no me gusta mucho.
- Hombre, a caballo regalado, no le mires el diente. Además, ese disco está muy bien.

Origen { Los tratantes de ganado acostumbran a mirarles los dientes a los caballos para saber la edad y si están sanos antes de comprarlos. Es una forma de comprobar la calidad y el valor del mismo.

3. A cada cerdo le llega su San Martín

Es lo mismo que decir que a cada uno le llegará la hora de pagar si ha actuado de forma incorrecta o mala.

Ese descarado de Luis no deja de insultarnos, pero se olvida de que a cada cerdo le llega su San Martín.

Origen: El refrán alude a la fiesta de San Martín, que se celebra el 11 de noviembre y en España es cuando empieza la matanza del cerdo.

4. A Dios rogando y con el mazo dando

Actualmente se utiliza con dos sentidos muy distintos:
a. Aconseja el esfuerzo personal como el mejor medio para conseguir algo y no esperar la ayuda de Dios o de otras personas.
b. Critica la hipocresía de algunas personas que por un lado son muy religiosas, pero que por otro hacen el mal o no se comportan bien.

a. - No sé qué me pasa últimamente. Todo me va mal.
 • Bueno, sé sincero. No trabajas nada y esperas que el éxito te caiga del cielo. Hombre, a Dios rogando y con el mazo dando y verás como te irá bien.

b. Mira a Mariano, todo el día en la iglesia y, luego, ni saluda a sus vecinos. A Dios rogando y con el mazo dando.

5. A enemigo que huye, puente de plata

Expresa la satisfacción de perder de vista a alguien desagradable o que no queremos ver más.

Mi mujer quiere el divorcio. Aunque me duele, no le voy a poner ningún problema. Ya sabes, a enemigo que huye, puente de plata.

Origen { Proviene del siglo XV y se le atribuye al jefe de los ejércitos de los Reyes Católicos. Da a entender que a veces es mejor ayudar al enemigo a huir y, si es necesario, construirle un puente para evitar luchar contra él. De esta manera se aconseja aceptar los métodos pacíficos en vez de bélicos.

6. A falta de pan, buenas son tortas

Recomienda irónicamente conformarse con lo que se tiene y no soñar con otra cosa mejor.

- Oye, hija, lo siento mucho, pero no tengo dinero para comprarte la bici que me has pedido. Por eso te traigo este patinete. Espero que te guste.
• No te preocupes, mamá. A falta de pan, buenas son tortas.

Origen { La torta está hecha solo de harina y agua que se fríe o asa.

7. A la cama no te irás sin saber una cosa más

Aconseja aprender cada día algo nuevo. También se dice cuando se aprende algo nuevo o cuando se conoce algo inesperado.

- ¿Sabías que el día de la semana martes viene del dios de la guerra romana Marte?
- ¡No me digas! Pues no. Con razón dice el refrán: a la cama no te irás sin saber una cosa más.

8. A la vejez, viruelas

Critica a las personas de edad que actúan como jóvenes.

- ¿Has visto al padre de Javier? Está mal de la cabeza. Hace unos días lo vi en una discoteca con una chica de 25 años, la edad de su hija, bailando y bebiendo como loco.
- Es patético verlo así. A la vejez, viruelas.

Origen: Dado que la viruela es una enfermedad propia de la infancia, con este refrán se alude irónicamente a las personas que no aceptan la realidad y se resisten a envejecer. Con su comportamiento, que no es propio de su edad igual que no lo es la viruela, pretenden recuperar su juventud.

Expresiones similares:
- Cada cosa a su debido tiempo.

9. A mal tiempo, buena cara

Aconseja recibir con tranquilidad y paciencia las contrariedades que nos trae la vida. Es mejor afrontarlas con buen ánimo, ya que no podemos evitarlas.

- ¿Por qué estás de mal humor?
- Todo me va mal. Me he peleado con mi jefe, me ha despedido, la empresa de mi marido va mal, me han dicho que…
- Basta, Luisa. A mal tiempo, buena cara. Ya encontrarás otro trabajo y mejor, ya lo verás.

10. A nadie le amarga un dulce

Denota que cualquier bien, beneficio o regalo por muy pequeño que sea, no se rechaza, especialmente si llega de una manera inesperada y sin coste alguno.

- ¿Has visto qué me ha regalado mi novio?
- No. ¿Qué te ha regalado?
- El nuevo perfume de Carolina Herrera.
- Pero… tú ya tienes uno.
- Sí, lo tengo, pero a nadie le amarga un dulce.

11. A palabras necias, oídos sordos

Aconseja no prestar atención a las opiniones absurdas, palabras feas y comentarios poco inteligentes. La persona que las oye no debe prestarles atención.

- Ya no puedo más.
- Ana está todo el día haciéndome reproches, criticándome. No sé qué hacer.
- Muy fácil. A palabras necias, oídos sordos y ya está.

12. A río revuelto, ganancia de pescadores

Se utiliza para describir a personas que sacan beneficio, provecho de la debilidad y males ajenos. También se refiere al desorden, las catástrofes o las guerras en las que los interesados, dada la confusión, se aprovechan de algunos para sacar rentabilidad.

- Es increíble que, en estos momentos de crisis y confusión, haya gente que se esté haciendo rica comprando empresas arruinadas.
• Ya sabes lo que dicen: a río revuelto, ganancia de pescadores.
- Sí, tienes razón.

Origen { Es conocido que los pescadores cogen más pescado en el agua turbia y de aquí nació otro modismo: "Pescar en agua turbia".

13. Agua pasada no mueve molino

Aconseja dejar de pensar en el pasado. No sirve de nada. Pensando en él, perdemos de vista el presente, el futuro y lo que podemos hacer.

- No dejo de pensar en lo que me hizo Fernando: prometió que iba a ayudarme a escribir mi tesis y, como no lo hizo, perdí mucho tiempo esperando su ayuda. Ahora no sé qué actitud tener con él.
• Lo mejor es hacer como si no hubiera ocurrido nada. Agua pasada no mueve molino. Y ya tienes tu tesis terminada.

14. Al pan, pan, y al vino, vino

Se usa para pedir o decir de alguien que hable con franqueza y sin rodeos.

Hombre, Carmen, no entiendo nada de lo que estás diciendo. Háblame sin rodeos. No me molesta, la verdad. Al pan, pan, y al vino, vino, y ya está.

Expresiones similares: • Llamar a las cosas por su nombre.

15. Ande yo caliente y ríase la gente

Se aplica a las personas que prefieren su comodidad y su gusto a la opinión de los demás, sus críticas no les importan.

- Hija, no puedes salir así a la calle.
• ¿Por qué no? ¿Qué le pasa a mi chándal? Me siento muy cómoda en él.
- Pero está ya muy viejo, desgastado, ¿qué dirá la gente?
• Me da igual. Ande yo caliente y ríase la gente.

16. Aquí el que no corre vuela

Comentario que se hace para dar a entender que una persona está muy bien informada sobre un asunto y dispuesta a actuar con rapidez para sacar provecho.

Si no cumples con las reglas del certamen, los demás se llevarán el premio delante de tus narices. Sabes muy bien que el que no corre vuela.

17. Arrieros somos y en el camino nos encontraremos

Se utiliza para amenazar a quien niega un favor a otra persona y se arriesga a que, en el futuro, cuando se presente la ocasión, esta persona le responda también diciendo que no.

- Le pedí a Juan que me prestara 100 euros, pero...
• ¿Pero qué?
- No quiso prestármelos. Le dije que se los devolvería en una semana y nada. Pero bueno, arrieros somos y en el camino nos encontraremos.

Origen { Los arrieros eran personas que se dedicaban al transporte de mercancías con animales antes de la llegada del tren. La frase se popularizó entre los arrieros de León que se sentían engañados por los comerciantes madrileños y les amenazaban con vengarse en el futuro.

Expresiones similares:
• Arrieritos somos y en el camino nos encontraremos.
• Donde las dan, las toman.

18. Aunque la mona se vista de seda, mona se queda

Da a entender que es inútil tratar de esconder bajo la riqueza defectos e imperfecciones que tiene una persona. A pesar de todo, ella es como es.

- ¿Por qué te ríes?
• ¿Has visto a nuestra vecina? Se ha puesto un sombrero, unos zapatos con tacones altos y un abrigo de piel. Quiere parecer alguien con mucho dinero.
- Puede ir como quiera, pero aunque la mona se vista de seda, mona se queda.

19. Bicho malo nunca muere

Se dice de una mala persona o de algo malo para indicar que dura mucho. Se utiliza con más frecuencia y de forma irónica también para animar a una persona enferma.

- ¿Qué te pasa, Juanjo? ¿A qué se debe esta cara?
• Estoy mal. Me duele el estómago. ¿Crees que tengo algo grave?
- No te preocupes. Bicho malo nunca muere.

20. Cada maestrillo tiene su librillo

Indica que cada persona tiene su modo de pensar y de hacer las cosas. Se usa como respuesta a quienes quieren imponer su método como el único posible y como el mejor.

- No quiero meterme donde no me llaman, pero creo que deberías hacerlo de otro modo. Yo lo haría...
• Tú lo haces de un modo, yo de otro. Cada maestrillo tiene su librillo.

21. Cada ollero alaba su puchero

Da a entender que todos alabamos nuestras cosas, aunque no lo merezcan, es decir, tendemos a sobrestimar lo propio.

- Ese tío me ha engañado. Me ha dicho que su coche es fabuloso, que está casi nuevo, que nunca ha tenido un accidente y...
• Sí, sí, hombre. Cada ollero alaba su puchero. ¿Cómo has podido tragarte tantas mentiras? No lo entiendo.

Expresiones similares: • Cada comerciante alaba exageradamente lo que vende.

22. Cada oveja con su pareja

Alude a que cada uno se relacione o se case con personas similares porque supone que la desigualdad puede provocar problemas.

- ¿Te acuerdas de Marisol?
- Sí. ¿Qué le pasa?
- Se divorcia. Todo el mundo le decía que ese chico no era para ella, que no era de su nivel, que cada oveja con su pareja. Pero ella, enamoradísima, no hizo caso a nadie y ahora, ya ves, se divorcia.

23. Cae en la cueva quien a otro lleva a ella

Indica que a veces quien quiere engañar a otra persona cae en la trampa y se convierte en la persona engañada, en la víctima de su propia malicia.

- Ayer despidieron a Alfonso y dicen que la culpa es suya.
- Sí, es verdad. En realidad, Alfonso se fue al jefe para hacer que me despidieran a mí y le contó una sarta de mentiras, pero al final el jefe descubrió la verdad y, en vez de despedirme a mí, le despidió a él.
- Siempre es así. Cae en la cueva quien a otro lleva a ella.

Expresiones similares: • Salirle el tiro por la culata.

24. Casa con dos puertas mala es de guardar

Se emplea en sentido literal para indicar la dificultad de vigilar una casa con varias entradas.

- Ayer robaron a los Luarca y eso que tienen varias alarmas y toda la protección. Pero entraron por la puerta trasera que no tiene alarma.
• Casa con dos puertas mala es de guardar.

25. Con pan y vino se anda el camino

En general da a entender que las cosas se realizan bien y se logra un buen resultado si se tienen los medios adecuados y las condiciones apropiadas.

- Es imposible que lo hayas hecho tan bien y tan rápido.
• No te sorprendas. Con las condiciones y la ayuda que tuve, era muy fácil.
- Sí, ahora veo. Con pan y vino se anda el camino.

26. Contigo, pan y cebolla

Se refiere a la poca importancia que dan los enamorados a las cosas materiales. Se utiliza para enfatizar que lo importante es el amor y que los bienes materiales no tienen importancia: no importan las dificultades con tal de estar o vivir juntos.

- Mi amor, te quiero mucho, pero no podemos vivir juntos. No tengo trabajo, no tengo piso, no tengo…
• Cállate, no me importa nada. Contigo pan y cebolla.
- Muchas gracias, mi amor.

Origen { Es una frase tópica entre los enamorados que tiene su origen en que el pan y la cebolla se consideran los alimentos más pobres.

27. Contra el vicio de pedir, la virtud de no dar

Nos aconseja liberarnos de los pedigüeños y caraduras que siempre piden algo o sencillamente de no dar una respuesta afirmativa a las personas que piden algo.

- Estoy harto de Pepe. Siempre con lo mismo, dame eso, dame aquello…
• No le hagas caso: contra el vicio de pedir, la virtud de no dar.

28. Cría cuervos y te sacarán los ojos

Critica la ingratitud de algunas personas a las que se ha tratado bien.

- ¿Por qué estás tan enfadada?
• Porque no puedo entender que una persona sea tan desagradecida después de todo lo que hice por ella.
- Cría cuervos y te sacarán los ojos.

Origen { Los cuervos son aves carroñeras que suelen empezar a comerse los cadáveres que encuentra por los ojos.

29. Cuando el diablo no tiene qué hacer, con el rabo mata moscas

Se aplica a las personas que tienen demasiado tiempo libre y lo utilizan en cosas y acciones inútiles.

- No sé qué le pasa a mi madre. Toda la mañana está limpiando la casa aunque ayer lo hizo la asistenta.
• Es evidente que se aburre. Cuando el diablo no tiene qué hacer, con el rabo mata moscas.

Hablar por los codos

30. Cuando el gato no está, los ratones bailan

Se utiliza para señalar que las personas hacen lo que quieren cuando no está el jefe o cuando nadie las ve.

- Esta semana he estado fuera de la oficina, porque tenía un viaje de negocios y, cuando he vuelto, he visto que la gente no había terminado el trabajo.
• Bueno, cuando el gato no está, los ratones bailan.

31. Cuando las barbas de tu vecino veas pelar, pon las tuyas a remojar

Indica que se debe aprender de lo que le sucede a los demás y tomar las medidas correspondientes, porque lo mismo nos puede pasar a nosotros.

- Estoy desesperada. Me despidieron sin aviso, así, de pronto.
• La semana pasada despidieron a seis colegas tuyos y tú tendrías que haberte preparado. Sabes que, cuando las barbas de tu vecino veas pelar, pon las tuyas a remojar.

Origen { Antiguamente, se consideraba una gran ofensa cortar la barba a un hombre y, por ello, la expresión "pelarse las barbas" indica sentir dolor.

Expresiones similares: • En todas partes cuecen habas (ver refrán 46).

130

32. Dar el pie y tomarse la mano

Advierte contra las personas que abusan de nuestra generosidad: les concedes un favor y te piden muchos más.

- ¿Por qué estás enfadado?
• Me sacan de quicio cuando abusan de mí. El otro día le dejé a Antonio mi coche una semana. Ahora me llama y me pide que se lo deje para ir de vacaciones.
- Le das el pie y se toma la mano.

33. De muy alto, grandes caídas se dan

Da a entender que, cuanto más rápida es la subida y más elevada la posición de una persona, tanto más dolorosa le resultará la pérdida de sus privilegios.

No soporto a Begoña. Como jefa es un desastre. Nos maltrata a todos como si fuera la directora general. Con este comportamiento no creo que dure mucho y se olvida de que de muy alto, grandes caídas se dan.

34. De noche, todos los gatos son pardos

Explica que en la oscuridad o sin luz las personas o cosas parecen iguales y no se notan sus defectos.

- Araceli, ¿por qué no vienes con nosotros esta noche a la fiesta de Elena?
• Es que no tengo un vestido nuevo y no quiero sentirme incómoda.
- Pero si nadie se fijará si tu vestido es nuevo o no. Además, de noche, todos los gatos son pardos.

35. Desafortunado en el juego, afortunado en amores

Se dice con ironía o como consuelo a quienes pierden en los juegos de cartas o de azar.

- Ayer perdí 500 euros en el casino.
• Hombre, no te pongas así. Desafortunado en el juego, afortunado en amores.
- ¡Vaya consuelo!

36. Desnudar/Desvestir a un santo para vestir a otro

Es solucionar un problema creando otro.

- ¿Resolviste el problema de la deuda que tienes con tu padrino?
• Sí, claro. Le pedí prestado el dinero a un tío de mi madre para devolvérselo a mi padrino.
- Pero esto es como desnudar a un santo para vestir a otro. En realidad no resolviste nada.

Origen { En las iglesias era tradición que las mujeres que cuidaban a los curas se encargaban también de vestir y adornar las estatuas de santos que iban a salir en una procesión. De ahí viene también la expresión "quedarse para vestir santos", es decir, quedarse soltera.

37. Dinero llama a dinero

Explica que quien tiene dinero tiene más facilidad de hacer negocios o inversiones que le pueden traer más dinero.

- ¿Has visto lo mucho que Miguel ganó en su última inversión?
- No me extraña. Cuanto más dinero inviertes, más ganas. Dinero llama a dinero.

38. Donde comen dos, comen tres

Se utiliza para invitar a una persona a comer cuando se ha presentado sin previo aviso. Indica que se puede compartir con los demás.

- ¡Hombre, Paca! ¡Qué sorpresa! Pasa, pasa, y siéntate a comer con nosotros.
- Perdona, Ana, no sabía que comierais tan temprano. Si lo hubiera sabido…
- Paca, no pasa nada. Donde comen dos, comen tres.

39. Donde menos se piensa, salta la liebre

Da a entender que en la vida las oportunidades pasan de forma imprevista y sin avisar.

- Oye, Juanjo, ¿por qué vas tan relajado? La cosa es más seria de lo que parece y tú tan tranquilo.
- No seas exagerado. Todo ha salido de fábula y no tengo que preocuparme.
- Ten cuidado, porque donde menos se piensa, salta la liebre y Mariano puede sorprenderte con algo.

Origen { Es un dicho que procede de la caza, ya que los cazadores tienen que estar siempre listos a que, en cualquier momento, salga una liebre. Se utiliza para advertir que en la vida siempre hay que estar preparado para lo que no se espera, para las oportunidades.

40. ¿Dónde va Vicente? Donde va la gente

Critica a las personas que carecen de iniciativa y opinión personal sobre un tema y aceptan sin pensar la opinión mayoritaria.

- Pero ¿es que nunca tienes tu propia opinión? ¿Por qué no criticaste a Alberto por lo que había hecho?
- Porque todo el mundo estaba callado, lo que me hizo pensar que no era necesario criticarlo.
- Tú, como siempre, ¿dónde va Vicente? Donde va la gente.

41. El que parte y reparte se queda con la mejor parte

Advierte que a veces el encargado de hacer la repartición se queda con la mejor parte. Como es poderoso, tiene a su alcance muchas cosas buenas y, en vez de repartirlas, a menudo se queda con ellas.

- Roberta, no es justo cómo repartes la tarta. Dame a mí un poco de estos adornos de azúcar. Tú siempre te quedas con ellos.
- Sí, hermanito, es así. El que parte y reparte se queda con la mejor parte. Pero, te daré un poco, no te preocupes.

42. El que se viste de verde por guapo se tiene

Solo se emplea en su sentido literal y se utiliza para indicar que una persona es presumida.

- ¡Qué presumida es Beatriz, siempre con su traje verde!
- Sí, hombre, sí. El que se viste de verde por guapo se tiene.

Origen { Se supone que el verde es un color que no favorece mucho. Así que quien se atreve con él es porque está tan seguro de lo guapo que es que la ropa no le quitará atractivo.

43. El saber no ocupa lugar

Aconseja tener siempre interés o ganas de aprender cosas nuevas, abrirse a nuevas ideas.

- Mi tía, a pesar de que tiene ya 85 años, ha decidido apuntarse a un curso de idiomas.
- Pues me parece muy bien. El saber no ocupa lugar.

44. En boca cerrada no entran moscas

Advierte que a veces es mejor callar que dar nuestra opinión.

- ¿Por qué no has comentado lo de Rocío?
- Porque la vez pasada, cuando lo hice, ella se enfadó conmigo. Así que me di cuenta de que en boca cerrada no entran moscas.

45. En casa del herrero, cuchillo de palo

Se alude al hecho de que muchas veces falta alguna cosa o alguna herramienta en el lugar donde menos se espera que falte. También se utiliza como reproche cuando una persona, especialista en algo, no tiene la herramienta imprescindible para hacer su trabajo.

- Hola. Te llamo para darte el teléfono de Luis que me pediste el otro día. Apúntalo.
• Espera, espera, voy a buscar algún lápiz o boli… Mira, no lo encuentro. Me llamas más tarde y lo apunto.
- No me lo creo, pero si tú eres profesora, ¿y no tienes un simple lápiz?
• En casa del herrero, cuchillo de palo.

46. En todas partes cuecen habas

Da a entender que las debilidades humanas, sus defectos y sus problemas son iguales en todas partes y no hay ni un solo lugar que no los tenga.

- Fíjate, con la crisis, otra empresa que ha cerrado, y parecía que les iban bien las cosas.
• Si es que en todas partes cuecen habas.
- Pues espero que no nos pase a nosotros.

Origen { Las habas se consideraban un alimento de pobres, de escaso valor. Expresa que en todos los hogares se comen también esos alimentos de pobres.

Expresiones similares: • Cuando las barbas de tu vecino veas pelar, pon las tuyas a remojar (ver refrán 31).

47. Gato con guantes no caza ratones

Expresa lo difícil que es hacer algunas cosas con miramientos, especialmente para la persona que no está acostumbrada a hacerlo.

Cristina, no tengas tantos reparos, díselo todo a tu suegra y te sentirás mejor. Yo sé que tú eres muy educada y no quieres ofenderla, pero gato con guantes no caza ratones. Tienes que ser por una vez un poco ruda y te librarás de ella.

48. Hablando del rey de Roma, por la puerta asoma

Se usa para indicar que precisamente en ese momento llega la persona de la que se está hablando.

- ¿Has oído lo de Luis?
• ¿Lo de Luis?
- Sí, hombre. Dicen que se está preparando para mudarse a Chile.
• ¡No me lo puedo creer! Pero mira, hablando del rey de Roma…, ahí viene. Vamos a preguntárselo.

49. La avaricia rompe el saco

Enseña que el deseo desmedido de tener más de lo que se necesita hace que muchas veces se pierda una ganancia moderada, es decir, aconseja no pretender grandes deseos, sino contentarse con pequeños éxitos.

- ¿Sabes qué me ha pasado? Se me ha roto el televisor que compré hace un mes.
• ¿Por qué te extrañas? Esto te pasa por comprarlo de segunda mano y además el más barato. La avaricia rompe el saco.

Origen: Procede de una imagen clásica de un ladrón que metía en su saco todo lo que iba robando y, cuando ya no cabía más, intentó apretar lo que ya tenía, pero rompió el saco.

Hablar por los codos

50. La cabra siempre tira al monte

Da a entender que cada persona, a pesar de tratar de hacer algo contra su naturaleza, acaba actuando de acuerdo con ella. Tiene sentido peyorativo.

- No sé por qué Pilar y Celia piensan que Julio ha robado en su casa. La verdad es que una vez robó en la casa de sus amigos, pero últimamente se ha convertido en un chico muy decente.
• No te equivoques. La cabra siempre tira al monte.

Origen { La ganadería caprina era una actividad importante en algunas regiones y, como a las cabras les gustan los montes altos, obligaba a los pastores a buscar a sus cabras en los montes. Esta imagen sirve para indicar que cada persona actúa según sus costumbres.

Expresiones similares: • Genio y figura, hasta la sepultura.

51. Mal de muchos, consuelo de tontos

Critica a quien se consuela pensando que sus desgracias también les ocurren a los demás.

- Estoy fatal. Me han robado el móvil que acabo de comprarme. Menos mal que a Antonio le ha pasado igual y…
• Para, para... ¿No me digas que por eso te sientes mejor?
- Sí, me siento mejor. Veo que no soy el único.
• Pero chico, mal de muchos, consuelo de tontos.

138

52. Más vale pájaro en mano que ciento volando

Aconseja aceptar las cosas seguras, aunque sean pequeñas, en vez de buscar cosas mejores, pero inseguras con el riesgo de quedarse sin nada.

- ¿Sabes qué me ha pasado? Me concedieron una beca para ir a España pero, como la cantidad no era grande, no la acepté y estoy esperando otra que me prometieron y con la que podría vivir mejor.
- Yo que tú la habría aceptado. Más vale pájaro en mano que ciento volando.

53. Muerto el perro, se acabó la rabia

Significa que, cuando desaparece la causa de algo, automáticamente desaparecen los efectos.

- ¡Qué raro estás! Antes, cuando estabas con Lucía y os ibais a separar, estabas todo el día enfadado y ahora que ella está con otro, estás tan feliz.
- ¡Qué quieres que te diga! Muerto el perro, se acabó la rabia. ¡Me he librado de ella!

Expresiones similares:
- Muerto el perro, se acabaron las pulgas.
- Perro muerto no muerde.

54. No hay rosas sin espinas

Da a entender que las cosas bonitas esconden siempre algún defecto. Enseña que muchas veces, tras un acontecimiento favorable, viene otro triste y desgraciado.

- Estoy enfadadísima. La semana pasada me compré unas sandalias preciosas, de tacón, muy modernas. Me costaron una fortuna. Pero, cuando me las puse el otro día, me sentí como si me hubiera puesto dos piedras enormes. Y me dijeron en la tienda que no pueden devolverme mi dinero, ya que me las había puesto.
- No sé qué decirte. No hay rosas sin espinas. Y si quieres estar de moda, a veces tienes que sacrificarte.

55. No me toques que me tiznas, le dijo la sartén al cazo

Este refrán lo utilizamos para reprender a los que critican a otras personas por un defecto o vicio siendo ellos de la misma o peor condición. Normalmente solo se dice la segunda parte de la frase.

- ¿Has visto a esa Antonia que presume de ser la más lista y eso que ni siquiera ha terminado la carrera que empezó hace 19 años?
- Hombre, María, le dijo la sartén al cazo…
- ¿Por qué me lo dices?
- Mujer, te has olvidado que tú tampoco la terminaste.

Expresiones similares: • Ver la paja en el ojo ajeno y no ver la viga en el propio.

56. No se hizo la miel para la boca del asno

Reprende a las personas que rechazan las mejores cosas por no saber apreciarlas. Al mismo tiempo, aconseja no ofrecerles las cosas de valor, ya que no las aprecian y, por tanto, no podrán disfrutarlas.

- Le dije a Elvira que eligiera entre un collar de perlas o unos pendientes de oro por su cumpleaños, pero ella eligió un collar de bisutería de mala calidad.
• Ya te avisé que Elvira no sabe diferenciar la buena calidad de la mala: no se hizo la miel para la boca del asno y tú no me haces caso.

57. Nunca digas de esta agua no beberé

Como la vida da muchas vueltas y por eso no sabemos qué nos espera en el futuro, este refrán nos aconseja que no digamos que nunca haremos alguna cosa por muy rechazable o absurda que sea. Hay que ser prudente y andar por la vida con cautela.

- Estoy muy enfadada con Javier. Nunca más volveré a hablar con él.
• Pero ¿qué ha hecho para que digas esta tontería?
- No importa. Estoy enfadada y he decidido no hablarle nunca más.
• Nunca digas de esta agua no beberé. Te conozco muy bien y sé que lo olvidarás en unos días y muy pronto volveréis a ser buenos amigos.

58. Nunca llueve a gusto de todos

Lo positivo para algunas personas puede ser negativo para otras.

- ¿Por qué no hablas con Jorge? Sois muy buenos amigos, pero últimamente veo que algo va mal.
• Porque él no entiende que yo tengo mis gustos y que no tenemos que estar siempre de acuerdo para ser amigos. A él le gustan unas cosas y a mí otras. Siempre le digo que nunca llueve a gusto de todos, pero él no lo entiende.

Origen: Como la lluvia es buena para los campos en determinados meses y en otros no, de igual manera algunas cosas afectan a ciertas personas y a otras no porque no todos somos de un mismo parecer, ni todos valoramos las cosas de parecida manera.

59. Perro ladrador, poco mordedor

Indica que una persona que amenaza y habla mucho hace poco.

- Ese loco de Luis no deja de amenazarme por lo de su hermana. Anda por ahí diciendo que me va a matar.
• No te preocupes. Lo conozco muy bien. Siempre grita mucho, pero sabes que perro ladrador, poco mordedor.

Origen: Este refrán procede de otro: "Perro que mucho ladra, poco muerde, pero bien guarda".

60. Perro que anda encuentra hueso

Da a entender que, si algo se desea de verdad, hay que buscarlo y no esperar que venga solo.

- Tú siempre tienes más suerte que yo. Volviste a encontrar trabajo y yo no.
• Si lo buscaras y no estuvieras todo el día metida en la cama, lo encontrarías. Perro que anda encuentra hueso.

61. Poderoso caballero es don Dinero

Este refrán subraya la importancia de tener dinero en la vida para conseguir lo que se pretende. Con dinero prácticamente todo es posible, se abren muchas puertas.

- No me lo puedo creer. ¿Cómo Luis consiguió abrir esa tienda en el centro de la ciudad cuando se trata de una zona protegida?
• ¡Qué ingenuo eres! Su padre es muy, muy rico y él siempre hace lo que le da la gana y consigue lo que otros no pueden.
- Sí, pero…
• No hay "pero" ni nada. Poderoso caballero es don Dinero.

Origen { El refrán procede de una famosa letrilla de Francisco de Quevedo en la que critica de forma irónica la virtud todopoderosa del dinero:
"Madre, yo al oro me humillo,
Él es mi amante y mi amado,
Pues de puro enamorado
Anda continuo amarillo.
Que pues doblón o sencillo
Hace todo cuanto quiero,
Poderoso caballero
Es don Dinero…". Francisco de Quevedo

62. Quien a buen árbol se arrima buena sombra le cobija

Señala la importancia de tener apoyo y protección de personas poderosas e influyentes. Esto conlleva ventajas.

- Por muy inteligente que sea y por muchos títulos que tenga, no prospera porque no tiene a nadie que le ayude. Y a Jorge, que es un vago y perezoso, le ha promovido porque el director es padrino suyo.
• Sí, es verdad. Siempre ha sido así. Quien a buen árbol se arrima buena sombra le cobija.

63. Quien come y canta algún sentido le falta

Advierte de que es de tontos intentar hacer varias cosas incompatibles a la vez.

- Hijo, cómete eso y no cantes.
• ¿Por qué, mamá? Estoy de buen humor y tengo ganas de cantar.
- Puedes cantar, pero después de comer. Porque quien come y canta algún sentido le falta. Espero que a ti no te falte nada.

Origen { Aconseja no cantar durante la comida porque en España se considera de mala educación hacer estas dos cosas a la vez. Por "faltar un sentido" se entiende ser un poco tonto.

64. Quien espera desespera

Alude a la impaciencia de las personas a la hora de esperar la resolución de un asunto o la llegada de una persona.

- Me pone de los nervios esperar tanto a que resuelvan mi petición. No sé qué hacer.
• Tranquilízate, hombre. Lo harán un día.
- Sí, sí, "un día". Ya sabes lo que se dice: quien espera desespera.

65. Quien la sigue la consigue

Se alaba el esfuerzo y la paciencia de la persona que no se desanima ante posibles dificultades, sino que sigue en pro de conseguir sus objetivos.

- No quiero quejarme, pero ¿por qué a Ignacio siempre le sale todo? Yo nunca puedo terminar nada como él.
• Mira, lo que pasa es que Ignacio es un chico muy cabezota, muy decidido y perseverante. Si decide hacer algo, lo hace hasta el final porque sabe que quien la sigue la consigue.

Origen { Este refrán procede de la caza.

66. Quien mucho abarca poco aprieta

Enseña que es difícil empezar muchas cosas a la vez y terminarlas todas bien. Es mejor hacer las cosas una por una y no intentar todo a la vez.

- Mamá, mira, ahora voy a clases de dibujo, a clases de música, voy al gimnasio y me acabo de apuntar a un cursillo de idiomas.
• Hija mía, sabes que quien mucho abarca poco aprieta. Es mejor elegir una cosa y terminarla y no pretender hacer tantas como tú y no terminar ninguna.

Expresiones similares: • Aprendiz de mucho, maestro de nada.

67. Quien mucho duerme poco aprende

Advierte que dormir y estudiar son incompatibles. Si se quiere tener éxito, es necesario esforzarse y aprender mucho.

- Hijo mío, si sigues durmiendo, no conseguirás nada en la vida. Yo, a tu edad, estudiaba todos los días…
• Lo sé, lo sé. Quien mucho duerme poco aprende, me lo dices siempre.

68. Quien no llora no mama

Advierte que en ocasiones para lograr algo hay que solicitarlo y pedirlo muchas veces insistiendo.

- Voy a pedir un aumento de sueldo.
• ¿Y te lo van a dar?
- No lo sé, pero quien no llora no mama.

69. Quien se pica ajos come

Indica que, si una persona se siente agredida por algo dicho sin querer ofender, es que oculta algo.

- ¿Has visto cómo se molestó Rafael al oír los comentarios sobre las personas que faltan mucho al trabajo?
- Sí, sí, me he dado cuenta. Pensará que lo han dicho por él, que falta mucho. ¡Quien se pica ajos come!

Origen { El ajo daba calor y fuerza a la gente del campo y no lo comía la gente de clase alta por el olor que deja en la boca. Por ello, no se consideraba propio de gente importante y decir "ajos come" es decir "no tener importancia".

Expresiones similares: • A quien le pique que se rasque.

70. Tirar la piedra y esconder la mano

Se utiliza para criticar la hipocresía y la falsedad de quienes hacen daño a escondidas a otras personas y, luego, no quieren asumir las consecuencias de sus actos.

- ¿Te acuerdas de Felipe, ese de Argüelles?
- Sí, sí. ¿Por qué?
- Porque a ese tío no hay quien lo aguante. Siempre me hace lo mismo. Va por ahí diciendo que soy una intrigante, que si eso, que si aquello… y, luego, se hace el tonto, como si no fuera él quien lo ha dicho.
- Lo sé, lo sé. Siempre lo mismo, tira la piedra y esconde la mano.

71. Todos los caminos conducen a Roma

Indica que se puede llegar al mismo fin por distintos caminos.

- Vicky, me parece que nos hemos perdido.
- No te preocupes, todos los caminos conducen a Roma. Llegaremos con un pequeño retraso, pero llegaremos.

72. Un clavo saca otro clavo

Indica que a veces una cosa mala se supera con la aparición de una nueva que hace olvidar la primera que molestaba.

- Estoy desesperada. Mi novio me dejó y se fue con otra. No me voy a enamorar más.
- No, mujer, te equivocas. Tienes que enamorarte para olvidar lo que te pasó. Un clavo saca otro clavo.

Expresiones similares: • La mancha de la mora con otra verde se quita.

73. Unos nacen con estrella y otros nacen estrellados

Da a entender la distinta suerte que acompaña a las personas en la vida.

- ¡Qué mala suerte tengo! El trabajo me va mal y a ese Bertín le va cada vez mejor.
- Lo siento, pero la vida es así: unos nacen con estrella y otros nacen estrellados.
- ¿Y por qué nacería yo estrellado?

74. Unos tienen la fama y otros cardan la lana

A veces hay personas que trabajan mucho, pero las alabanzas y los elogios los reciben otros.

- Ayer vi en la prensa que el arquitecto Morales y su esposa ganaron un premio de un millón euros por su nueva obra. A mí no me mencionaron aunque yo fui la que había concebido todo y había hecho la mayor parte del proyecto.
• ¡Qué le vamos a hacer! Unos tienen la fama y otros cardan la lana.

Se puede aplicar también a personas a las que se les tacha de algo que no son.

- Mi marido se queja siempre del comportamiento de su hijo, pero él no le dice nada y me deja a mi pelearme con el niño. Después, el chico va y dice que yo tengo mal genio y que le presiono mucho.
• Ya, unos tienen la fama y otros cardan la lana.

Origen { Cardar la lana es sacar el pelo de las ovejas y convertirla en lana, es decir, hacer el trabajo duro con las ovejas.

75. Zapatero, a tus zapatos

Aconseja no meterse en cosas en las que no se tiene experiencia o de las que no se sabe.

- Yo en tu lugar compraría las acciones y las...
• Cállate, por favor, y no te metas en mis cosas. Tú eres médico y no economista. Zapatero, a tus zapatos.
- Perdona, tienes razón.

Origen { Procede de una anécdota de la antigüedad griega en la que un pintor tuvo que cambiar el dibujo de una sandalia por los comentarios de un zapatero, pero al intentar este último opinar sobre otros aspectos de la pintura, el pintor le hizo callar con la frase.

Expresiones similares: • Cada uno a lo suyo.

EJERCICIOS

1. MARCA LA RESPUESTA ADECUADA:

1. A _____ regalado no le mires el diente.
a. lobo
b. caballo
c. cerdo   **Refrán 2**

2. Dar el _____ y tomar la mano.
a. ojo
b. codo
c. pie   **Refrán 32**

3. Aunque la _____ se vista de seda, mona se queda.
a. tigresa
b. jirafa
c. mona   **Refrán 18**

4. Cría _____ y te sacarán los ojos.
a. palomas
b. cuervos
c. loros   **Refrán 28**

5. Cuando el _____ no está, los ratones bailan.
a. perro
b. gato
c. gallo   **Refrán 30**

6. A cada _____ le llega su San Martín.
a. persona
b. animal
c. cerdo   **Refrán 3**

7. A la vejez, _____.
a. viruelas
b. camas
c. buena cara   **Refrán 8**

8. A palabras _____, oídos sordos.
a. altas
b. necias
c. conocidas   **Refrán 11**

9. Agua _____ no mueve molino.
a. del mar
b. revuelta
c. pasada   **Refrán 13**

10. Arrieros somos y en el _____ nos encontraremos.
a. camino
b. cielo
c. monte   **Refrán 17**

2. RELACIONA:

1. A Dios rogando...
2. A enemigo que huye...
3. A falta de pan...
4. A la cama no te irás...
5. Ande yo caliente...
6. Cada maestrillo...
7. Cae en la cueva...
8. Casa con dos puertas...
9. Con pan y vino...
10. Quien come y canta...

a. algún sentido le falta.
b. se anda el camino.
c. tiene su librillo.
d. y con el mazo dando.
e. el que a otro lleva a ella.
f. y ríase la gente.
g. mala es de guardar.
h. buenas son tortas.
i. sin saber una cosa más.
j. puente de plata.

Refranes 4, 5, 6, 7, 15, 20, 23, 24, 25, 63

3. SUBRAYA LA RESPUESTA CORRECTA:

1. A mal tiempo, mala/buena cara.   **Refrán 9**
2. Aquí el que no baila/corre vuela.   **Refrán 16**
3. Cada ollero alaba su cochero/puchero.   **Refrán 21**

Hablar por los codos

4. Cuando el diablo no tiene qué hacer, con el rabo/brazo mata moscas.   **Refrán 29**
5. Cuando las barbas/melenas de tu vecino veas pelar, pon las tuyas a remojar.   **Refrán 31**
6. Vestir/Desnudar a un santo para vestir/desnudar a otro.   **Refrán 36**
7. A buenas horas, acelgas/mangas verdes.   **Refrán 1**
8. A río revuelto, ganancia/pérdida de pescadores.   **Refrán 12**
9. Cada maestrillo tiene su ladrillo/librillo.   **Refrán 20**
10. Cada oveja/oreja con su pareja.   **Refrán 22**

▶ 4. COMPLETA CADA REFRÁN CON LA PALABRA QUE LE FALTA:

1. A nadie le amarga un _____.   **Refrán 10**
2. ¿Dónde va Vicente? Donde va la _____.   **Refrán 40**
3. _____ malo nunca muere.   **Refrán 19**
4. Contigo, _____ y cebolla.   **Refrán 26**
5. Contra el vicio de _____, la virtud de no dar.   **Refrán 27**
6. De _____, todos los gatos son pardos.   **Refrán 34**
7. El saber no _____ lugar.   **Refrán 43**
8. En casa del _____, cuchillo de palo.   **Refrán 45**
9. Donde menos se piensa, salta la _____.   **Refrán 39**
10. El que se viste de verde, por _____ se tiene.   **Refrán 42**

▶ 5. COMPLETA CADA REFRÁN CON LAS DOS PALABRAS QUE LE FALTAN:

1. Al pan, _____, y al vino, _____.   **Refrán 14**
2. Desafortunado en el _____, afortunado en _____.   **Refrán 35**
3. Donde comen _____, comen _____.   **Refrán 38**
4. El que _____ y _____ se queda con la mejor parte.   **Refrán 41**
5. En todas _____ cuecen _____.   **Refrán 46**
6. Hablando del _____ de Roma, por la _____ asoma.   **Refrán 48**
7. Mal de _____, consuelo de _____.   **Refrán 51**
8. Muerto el _____, se acabó la _____.   **Refrán 53**
9. No hay _____ sin _____.   **Refrán 54**
10. No se hizo la _____ para la boca del _____.   **Refrán 56**

▶ 6. TERMINA EL REFRÁN:

1. Zapatero _____.   **Refrán 75**
2. Dinero _____.   **Refrán 37**
3. Unos nacen con estrella _____.   **Refrán 73**
4. La cabra siempre _____.   **Refrán 50**
5. Quien se pica _____.   **Refrán 69**

Hablar por los codos

6. En boca cerrada _____ .   **Refrán 44**
7. De muy alto, _____ .   **Refrán 33**
8. Perro que anda _____ .   **Refrán 61**
9. Gato con guantes _____ .   **Refrán 47**
10. Más vale pájaro en mano _____ .   **Refrán 52**

7. FORMA LOS REFRANES:
(fíjate en las letras iniciales para saber si es la primera o la segunda parte del refrán)

1. La avaricia
2. saca otro clavo
3. Nunca digas
4. Nunca llueve
5. poco aprende
6. Perro ladrador
7. y otros cardan la lana
8. Poderoso caballero
9. la consigue
10. Quien no llora
11. Quien a buen árbol se arrima
12. poco aprieta
13. conducen a Roma
14. Quien espera
15. y esconder la mano

a. Quien la sigue
b. rompe el saco
c. Quien mucho abarca
d. Quien mucho duerme
e. buena sombra le cobija
f. de esta agua no beberé
g. Tirar la piedra
h. a gusto de todos
i. Todos los caminos
j. Un clavo
k. poco mordedor
l. no mama
m. es don Dinero
n. Unos tienen la fama
ñ. desespera

Refranes 49, 72, 57, 58, 67, 59, 74, 61, 65, 68, 62, 71, 64, 70

8. MARCA LA RESPUESTA CORRECTA:

1. De muy alto, grandes caídas se dan:
   a. Cuando una persona se cae de un lugar alto, se hace mucho daño.
   b. Cuando una persona tiene una posición elevada, la pérdida de esta posición es muy dolorosa.
   c. Si algo cae de un lugar muy alto, provoca mucho ruido.   **Refrán 33**

2. No se hizo la miel para la boca de asno:
   a. El asno no come miel.
   b. Reprende a los que desprecian lo bueno.
   c. Alaba a los que eligen cosas buenas y rechazan cosas malas.   **Refrán 56**

3. Todos los caminos conducen a Roma:
   a. Si quieres viajar, Roma es el mejor sitio.
   b. Roma es el centro del mundo.
   c. Al mismo fin puedes llegar por distintos caminos.   **Refrán 71**

4. Un clavo saca otro clavo:
   a. Algunas veces es posible superar una situación mala con la aparición de otra semejante o con medios semejantes.
   b. Si se pierde un clavo hay que sacar otro para terminar el trabajo.
   c. Un problema provoca otro.   **Refrán 72**

5. Al pan, pan, y al vino, vino:
   a. Hay que elegir el pan y el vino por su calidad.
   b. No es bueno mezclar el pan con el vino.
   c. Hay que decir la verdad claramente.   **Refrán 14**

6. Donde comen dos, comen tres:
   a. Siempre se pone mucha cantidad de comida.
   b. Hay que ser generosos y compartir con los demás. Si hay comida para dos, hay para tres.
   c. Comen la misma cantidad dos personas que tres.   **Refrán 38**

7. Quien mucho abarca poco aprieta:
   a. Tienes que estar fuerte para hacer muchas cosas.
   b. Hay que gastar poco dinero, apretarse el cinturón.
   c. Mejor hacer bien solo una cosa que hacer muchas.   **Refrán 66**

8. Tirar la piedra y esconder la mano:
   a. Ser muy valiente y hacer dos cosas a la vez.
   b. No admitir lo que uno mismo hace.
   c. Hacer algo ilegal disimuladamente.   **Refrán 70**

9. ¿QUÉ REFRÁN UTILIZARÍAS EN ESTAS SITUACIONES?

1. Mujer, mejor que te calles. Sabes que...
   a. en boca cerrada no entran moscas.   **Refrán 44**
   b. el que parte y reparte se queda con la mejor parte.   **Refrán 41**
   c. unos nacen con estrella y otros nacen estrellados.   **Refrán 73**

2. - No sé qué hacer. Me ofrecen un trabajo seguro, pero poco remunerado. A mí no me gusta. Esperaré un poco más a ver si tienen otro mejor.
   • No te arriesgues porque...
   a. perro que anda encuentra hueso.   **Refrán 60**
   b. más vale pájaro en mano que ciento volando.   **Refrán 52**
   c. unos tienen la fama y otros cardan la lana.   **Refrán 74**

3. - Enrique no sabe trabajar y además es un vago, pero siempre se salva y no sé cómo.
   • ¿Cómo no lo sabes? El director es muy amigo suyo y, claro, es conocido que...
   a. la cabra siempre tira al monte.   **Refrán 50**
   b. el que a buen árbol se arrima buena sombra le cobija.   **Refrán 62**
   c. nunca llueve a gusto de todos.   **Refrán 58**

4. No te pongas nerviosa. Tranquilízate...
   a. gato con guantes no caza ratones.   **Refrán 47**
   b. contra el vicio de pedir, la virtud de no dar.   **Refrán 27**
   c. quien espera, desespera.   **Refrán 64**

5. - Ayer perdí mucho dinero en el casino.
   • Pero ¿por qué te preocupas? Me gustaría tener tu suerte porque sabes que dicen que...
   a. mal de muchos, consuelo de tontos.   **Refrán 51**
   b. desafortunado en el juego, afortunado en amores.   **Refrán 35**
   c. quien se pica ajos come.   **Refrán 69**

6. No te enfrentes más a él y déjale que se vaya a su casa...
   a. A buenas horas, mangas verdes.   **Refrán 1**
   b. A Dios rogando y con el mazo dando.   **Refrán 4**
   c. A enemigo que huye, puente de plata.   **Refrán 5**

7. - Después de todo lo que he hecho por él en la empresa, ahora va y se pone en mi contra.
  • ...
  a. Cría cuervos y te sacarán los ojos. — **Refrán 28**
  b. En casa del herrero, cuchillo de palo. — **Refrán 45**
  c. La avaricia rompe el saco. — **Refrán 49**

8. - Te quiero tanto que...
  • Pues si lo tenemos tan claro, casémonos.
  a. contigo, pan y cebolla. — **Refrán 26**
  b. un clavo saca otro clavo. — **Refrán 72**
  c. zapatero, a tus zapatos. — **Refrán 75**

9. Hay que estar atento a todas las oportunidades y aprovecharlas siempre, porque...
  a. a río revuelto, ganancia de pescadores. — **Refrán 12**
  b. casa con dos puertas mala es de guardar. — **Refrán 24**
  c. donde menos se piensa, salta la liebre. — **Refrán 39**

10. - Mira, en esta actividad he puesto este párrafo, pero ahora no sé si está bien o no.
  • Mejor quítalo. ...
  a. Muerto el perro, se acabó la rabia. — **Refrán 53**
  b. No hay rosas sin espinas. — **Refrán 54**
  c. Quien la sigue la consigue. — **Refrán 65**

10. CONTESTA A LAS SIGUIENTES PREGUNTAS:

1. ¿Dónde va Vicente? — **Refrán 40**
2. ¿Quién come ajos? — **Refrán 69**
3. ¿De qué color son los gatos de noche? — **Refrán 34**
4. ¿Qué le llega a cada cerdo? — **Refrán 3**
5. ¿Quién cae en la cueva? — **Refrán 23**
6. ¿Quién se queda con la mejor parte? — **Refrán 41**
7. ¿Quién se viste de verde? — **Refrán 42**
8. ¿Cuándo se tiene viruelas? — **Refrán 8**
9. Si somos arrieros, ¿dónde nos encontraremos? — **Refrán 17**
10. ¿Qué se toman si les damos el pie? — **Refrán 32**

11. EXPLICA EL SIGNIFICADO DE LOS SIGUIENTES REFRANES:

1. A caballo regalado, no le mires el diente. — **Refrán 2**
2. Aunque la mona se vista de seda, mona se queda. — **Refrán 18**
3. Cada ollero alaba su puchero. — **Refrán 21**
4. Cuando el diablo no tiene que hacer, con el rabo mata moscas. — **Refrán 29**
5. Cuando las barbas de tu vecino veas pelar, pon las tuyas a remojar. — **Refrán 31**

SOLUCIONES
FRASES HECHAS Y DICHOS

1. 1b, 2c, 3c, 4c, 5b, 6b, 7b, 8b
2. 1g, 2e, 3f, 4i, 5b, 6c, 7a, 8d, 9h, 10j
3. 1a, 2b, 3b, 4b, 5c, 6a, 7b, 8b, 9a, 10c
4. 1 las orejas, 2 la cabeza, 3 pies de plomo, 4 los dientes, 5 la lengua, 6 fuego, 7 grande, 8 las cosquillas, 9 el dedo, 10 frente
5. 1 las cuarenta, 2 corazón, 3 toro, 4 el santo y la limosna, 5 longanizas, 6 un riñón, 7 espaldas, 8 aro, 9 helado, 10 migas
6. 1 chuzos de punta, 2 cajón de sastre, 3 los anillos, 4 la casa, 5 al vuelo, 6 del cielo, 7 el charco, 8 los cables, 9 la masa, 10 el bacalao, 11 gordo, 12 al cuello, 13 del oro, 14 paredes, 15 abundancia
7. 1b, 2c, 3a, 4b, 5b, 6b, 7a, 8b, 9b, 10b
8. 1a, 2b, 3a, 4b, 5b, 6b, 7a, 8b, 9c, 10a
9. 1 un capote, 2 balones, 3 el guante, 4 en el tejado, 5 por el tejado, 6 la horma de tu zapato, 7 carta blanca, 8 helado, 9 gordo, 10 la casa
10. 1 margaritas, 2 pañuelo, 3 sapos, 4 sastre, 5 vacas, 6 vaso, 7 dientes, 8 y Valdemoro, 9 pie, 10 horma, 11 casa, 12 cana, 13 tortilla, 14 espuma, 15 punta
11. 1e, 2h, 3b, 4a, 5d, 6i, 7g, 8c, 9f, 10j
12. 1 el gato, 2 pájaros, 3 cocodrilo, 4 perros, 5 oveja, 6 liebre, 7 pájaros, 8 gusanillo, 9 pato, 10 lapa, 11 perdiz, 12 burro
13. 1f, 2h, 3b, 4j, 5d, 6a, 7g, 8e, 9c, 10i
14. 1c, 2a, 3b, 4c, 5a, 6b, 7a, 8b, 9a, 10b
15. 1 el gusanillo, 2 el cerebro, 3 al santo, 4 al huerto, 5 en el bolsillo, 6 en tus trece, 7 trasquilado, 8 con fuego, 9 el gato, 10 el santo, 11 a dos velas, 12 como anillo al dedo, 13 una bola, 14 de punta, 15 por las paredes
16. 1c, 2a, 3b, 4b, 5a, 6b, 7a, 8a, 9b, 10b
17. 1 el dedo, 2 pelos, 3 el pato, 4 en blanco, 5 una lapa, 6 trasera, 7 cana, 8 bola, 9 velas, 10 pata
18. 1 alfiler, 2 pinto, 3 pintura, 4 peras, 5 dientes, 6 mano, 7 cero, 8 buenas migas, 9 la cabeza, 10 las espaldas
19. 1c, 2b, 3b, 4b, 5b, 6a, 7c, 8c, 9b, 10b
20. 1d, 2b, 3f, 4c, 5a, 6e
21. 1a, 2b, 3b, 4c, 5c, 6c, 7b, 8c, 9b, 10b
22. 1b, 2c, 3c, 4b, 5b, 6b, 7b, 8b, 9a, 10c
23. 1 un cero, 2 verde, 3 viva la Pepa, 4 manga, 5 salero, 6 tira los tejos, 7 pachá, 8 orejas 9 unta, 10 humos, 11 caen en saco roto, 12 gota que colma el vaso, 13 marea la perdiz, 14 se calienta la cabeza, 15 pasa por el aro

Refranes

2. 1d, 2j, 3h, 4i, 5f, 6c, 7e, 8g, 9b, 10a
7. 1b, 2j, 3f, 4h, 5c, 6k, 7n, 8m, 9a, 10l, 11e, 12c, 13i, 14ñ, 15g

¿Hay alguna frase hecha en tu lengua parecida? Escríbela.

FRASES HECHAS Y DICHOS

1. A otro perro con ese hueso
2. Abrir la mano
3. Acostarse con las gallinas
4. Agachar las orejas
5. Agarrar el toro por los cuernos
6. Agarrarse a un clavo ardiendo
7. Aguantar carros y carretas
8. Ahí le aprieta el zapato
9. Ahogarse en un vaso de agua
10. Al pie de la letra
11. Alzarse con el santo y la limosna
12. Andar con pies de plomo
13. Andarse por las ramas
14. Apretarse el cinturón
15. Aquí hay gato encerrado
16. Armar(se) hasta los dientes
17. Armarse la gorda
18. Arrimar el ascua a su sardina
19. Atar cabos
20. Atar la lengua
21. Atar los perros con longanizas
22. Bailar con la más fea
23. Bajar/Agachar la cabeza
24. Barrer para casa
25. Bautismo de fuego
26. Buscar las cosquillas a alguien
27. Buscar una aguja en un pajar
28. Caer chuzos de punta
29. Caer en la cuenta
30. Caerse de un guindo
31. Caerse del burro
32. Caerse del nido
33. Caer gordo
34. Caérsele la casa encima (a alguien)
35. Caérsele los anillos (a alguien)
36. Cajón de sastre
37. Calentarse la cabeza
38. Cambiar de chaqueta
39. Cantarle las cuarenta (a alguien)
40. Cargarle el mochuelo (a alguien)
41. Cazar algo al vuelo
42. Chuparse el dedo
43. Como caído del cielo
44. Como los chorros del oro
45. Con el corazón en la mano
46. Con las manos en la masa
47. Cortar el bacalao
48. Costar un riñón
49. Crecer/Subir como la espuma
50. Cruzar el charco
51. Cruzársele los cables (a alguien)
52. Cuando las ranas críen pelo

53. Cubrirse las espaldas ....
54. Dar calabazas (a alguien) ....
55. Dar carta blanca ....
56. Dar con la puerta en las narices (a alguien) ....
57. Dar gato por liebre ....
58. Dar jabón (a alguien) ....
59. Dar la lata ....
60. Dar la vuelta a la tortilla ....
61. Darse con un canto en los dientes ....
62. Devolver la pelota (a alguien) ....
63. Dormirse en los laureles ....
64. Echar balones fuera ....
65. Echar el gancho ....
66. Echar el guante (a alguien) ....
67. Echar leña al fuego ....
68. Echar margaritas a los cerdos ....
69. Echar en saco roto ....
70. Echar sapos y culebras (por la boca) ....
71. Echar una cana al aire ....
72. Echarle un capote (a alguien) ....
73. Echar una mano (a alguien) ....
74. Echarse a los pies (de alguien) ....
75. El mundo es un pañuelo ....
76. Entrar/Pasar por el aro ....
77. Empezar la casa por el tejado ....
78. Encontrar la horma de su zapato ....
79. Enseñarle los dientes (a alguien) ....
80. Estar a dos velas ....
81. Estar al pie del cañón ....
82. Estar con la soga al cuello ....
83. Estar en el séptimo cielo ....
84. Estar en época de vacas gordas/flacas ....
85. Estar en las nubes ....
86. Estar en su (propia) salsa ....
87. Estar entre la espada y la pared ....
88. Estar entre Pinto y Valdemoro ....
89. Estar la pelota en el tejado ....
90. Estar que se sube por las paredes ....
91. Esto es papel mojado ....
92. Faltarle un tornillo (a alguien) ....
93. Haber cuatro gatos ....
94. Hablar por los codos ....
95. Hacer buenas migas ....
96. Hacer leña del árbol caído ....
97. Hacer puente ....
98. Hacerle la cama (a alguien) ....
99. Hacerle la rosca/la pelota (a alguien) ....
100. Hacerle sombra (a alguien) ....
101. Hinchársele las narices (a alguien) ....
102. Ir al grano ....
103. Ir de la Ceca a la Meca ....
104. Ir por lana y volver trasquilado ....
105. Ir sobre ruedas ....
106. Ir viento en popa ....
107. Irse de la lengua ....
108. Irse por los cerros de Úbeda ....
109. Írsele el santo al cielo (a alguien) ....

110. Írsele la olla (a alguien)
111. Jugar con fuego
112. Lágrimas de cocodrilo (llorar, derramar)
113. Lavar el cerebro
114. Lavarse las manos
115. Levantar la liebre
116. Levantarse con el pie derecho
117. Llegar y besar el santo
118. Llenarle la cabeza de pájaros (a alguien)
119. Llevar al huerto
120. Llevarse el gato al agua
121. Los mismos perros con distintos collares
122. Luchar con uñas y dientes
123. Mandar al quinto pino (a alguien)
124. Mantenerse en sus trece
125. Marear la perdiz
126. Matar dos pájaros de un tiro
127. Matar el gusanillo
128. Meter la pata
129. Meterse a alguien en el bolsillo
130. Montar un numerito
131. Morder el anzuelo
132. Mucho ruido y pocas nueces
133. Nadar en la abundancia
134. Nadar y guardar la ropa
135. No caber ni un alfiler
136. No pintar nada
137. No poder ver (a alguien) ni en pintura
138. No tener dos dedos de frente
139. No ser nada del otro mundo
140. No tener pelos en la lengua
141. No ver tres en un burro
142. Oler a cuerno quemado
143. Pagar el pato
144. Pasar al otro barrio
145. Pasar la noche en blanco
146. Pedirle peras al olmo
147. Pegarse como una lapa
148. Pegársele las sábanas (a alguien)
149. Perder el hilo
150. Pisar huevos
151. Poner el dedo en la llaga
152. Poner la mano en el fuego
153. Ponerle los dientes largos (a alguien)
154. Ponerse las botas
155. Ponérsele los pelos de punta (a alguien)
156. Ponerse morado
157. Por la puerta trasera (entrar/salir)
158. Quedarse helado
159. Romperse los cuernos
160. Sacar de sus casillas (a alguien)
161. Sacarle las castañas del fuego (a alguien)
162. Sacarse un as de la manga
163. Salir de Málaga y entrar (o meterse) en Malagón
164. Salirle el tiro por la culata (a alguien)
165. Salir/Entrar por la puerta grande
166. Saltar chispas
167. Ser cabeza de turco

168. Ser de sangre azul
169. Ser el perejil de todas las salsas
170. Ser la gallina de los huevos de oro
171. Ser la gota que colma el vaso
172. Ser la oveja negra
173. Ser un cero a la izquierda
174. Ser un viejo verde
175. Subírsele los humos a la cabeza
176. Tener buena percha
177. Tener cara dura
178. Tener entre ceja y ceja (a alguien)
179. Tener la lengua larga
180. Tener la mosca detrás de la oreja
181. Tener la sartén por el mango
182. Tener las manos largas
183. Tener manga ancha
184. Tener muchas tablas
185. Tener salero
186. Tirarle de la lengua
187. Tirar la casa por la ventana
188. Tirar la toalla
189. Tirarle los tejos (a alguien)
190. Tomarle el pelo (a alguien)
191. Tragarle la tierra (a alguien)
192. Tragarse una bola
193. Untar a alguien
194. Vender humo
195. Venir como anillo al dedo
196. Ver las estrellas
197. Verle las orejas al lobo
198. Vivir como un pachá
199. ¡Viva la Pepa!
200. Vivir/Estar en el quinto pino

Refranes

1. A buenas horas, mangas verdes
2. A caballo regalado, no le mires el diente
3. A cada cerdo le llega su San Martín
4. A Dios rogando y con el mazo dando
5. A enemigo que huye, puente de plata
6. A falta de pan, buenas son tortas
7. A la cama no te irás sin saber una cosa más
8. A la vejez, viruelas
9. A mal tiempo, buena cara
10. A nadie le amarga un dulce
11. A palabras necias, oídos sordos
12. A río revuelto, ganancia de pescadores
13. Agua pasada no mueve molino
14. Al pan, pan, y al vino, vino
15. Ande yo caliente y ríase la gente
16. Aquí el que no corre vuela
17. Arrieros somos y en el camino nos encontraremos
18. Aunque la mona se vista de seda, mona se queda
19. Bicho malo nunca muere
20. Cada maestrillo tiene su librillo
21. Cada ollero alaba su puchero
22. Cada oveja con su pareja

23. Cae en la cueva quien a otro lleva a ella ....
24. Casa con dos puertas, mala es de guardar ....
25. Con pan y vino se anda el camino ....
26. Contigo, pan y cebolla ....
27. Contra el vicio de pedir, la virtud de no dar ....
28. Cría cuervos y te sacarán los ojos ....
29. Cuando el diablo no tiene qué hacer, con el rabo mata moscas ....
30. Cuando el gato no está, los ratones bailan ....
31. Cuando las barbas de tu vecino veas pelar, pon las tuyas a remojar ....
32. Dar el pie y tomarse la mano ....
33. De muy alto, grandes caídas se dan ....
34. De noche, todos los gatos son pardos ....
35. Desafortunado en el juego, afortunado en amores ....
36. Desnudar/Desvestir a un santo para vestir a otro ....
37. Dinero llama a dinero ....
38. Donde comen dos, comen tres ....
39. Donde menos se piensa, salta la liebre ....
40. ¿Dónde va Vicente? Donde va la gente ....
41. El que parte y reparte se queda con la mejor parte ....
42. El que se viste de verde por guapo se tiene ....
43. El saber no ocupa lugar ....
44. En boca cerrada no entran moscas ....
45. En casa del herrero, cuchillo de palo ....
46. En todas partes cuecen habas ....
47. Gato con guantes no caza ratones ....
48. Hablando del rey de Roma, por la puerta asoma ....
49. La avaricia rompe el saco ....
50. La cabra siempre tira al monte ....
51. Mal de muchos, consuelo de tontos ....
52. Más vale pájaro en mano que ciento volando ....
53. Muerto el perro, se acabó la rabia ....
54. No hay rosas sin espinas ....
55. No me toques que me tiznas, le dijo la sartén al cazo ....
56. No se hizo la miel para la boca del asno ....
57. Nunca digas de esta agua no beberé ....
58. Nunca llueve a gusto de todos ....
59. Perro ladrador, poco mordedor ....
60. Perro que anda encuentra hueso ....
61. Poderoso caballero es don Dinero ....
62. Quien a buen árbol se arrima buena sombra le cobija ....
63. Quien come y canta algún sentido le falta ....
64. Quien espera desespera ....
65. Quien la sigue la consigue ....
66. Quien mucho abarca poco aprieta ....
67. Quien mucho duerme poco aprende ....
68. Quien no llora no mama ....
69. Quien se pica ajos come ....
70. Tirar la piedra y esconder la mano ....
71. Todos los caminos conducen a Roma ....
72. Un clavo saca otro clavo ....
73. Unos nacen con estrella y otros nacen estrellados ....
74. Unos tienen la fama y otros cardan la lana ....
75. Zapatero, a tus zapatos ....